Dieter Vieweger
Archäologie in Jerusalem

Hans-Lietzmann-Vorlesungen

—

Herausgegeben im Auftrag der Berlin-Brandenburgischen Akademie der Wissenschaften von Katharina Bracht und Christoph Markschies

Band 22

Dieter Vieweger

Archäologie in Jerusalem

Die Ausgrabungen des Deutschen Evangelischen Instituts für Altertumswissenschaft des Heiligen Landes zwischen 2009 und 2023

unter Mitarbeit von Katja Soennecken, Jennifer Zimni-Gitler, Jürgen Sachs und Thomas Just

DE GRUYTER

ISBN 978-3-11-149782-2
e-ISBN (PDF) 978-3-11-149866-9
e-ISBN (EPUB) 978-3-11-149893-5
ISSN 1861-6011

Library of Congress Control Number: 2024937463

Bibliografische Information der Deutschen Nationalbibliothek
Die Deutsche Nationalbibliothek verzeichnet diese Publikation in der Deutschen Nationalbibliografie; detaillierte bibliografische Daten sind im Internet über http://dnb.dnb.de abrufbar.

© 2025 Walter de Gruyter GmbH, Berlin/Boston
Satz: Integra Software Services Pvt. Ltd.

www.degruyter.com

Danksagung

Die Hans-Lietzmann-Vorlesungen am 7. und 8. Dezember 2023 in Jena und Berlin waren der Archäologie in Jerusalem gewidmet. Dabei wurden die Ausgrabungen und geophysikalischen Untersuchungen des Deutschen Evangelischen Instituts für Altertumswissenschaft des Heiligen Landes (DEI) der letzten beiden Jahrzehnte in Jerusalem vorgestellt. Der Verfasser dankt insbesondere Prof. Dr. Katharina Bracht und Prof. Dr. Dr. h.c. mult. Christoph Markschies für deren freundliche Einladung.

Im Folgenden wird die überarbeitete und erweiterte Version des Vortrags vorgelegt. Die Gliederung dieser Publikation entspricht den Grabungsorten des DEI.

Der Autor dankt für die Mitarbeit von Assist.-Prof. Dr. Katja Soennecken (LSRS Luxemburg/DEI) bei den Kapiteln 1–5 und von Dr. Jennifer Zimni-Gitler (DEI) bei den Kapiteln 1–4. Prof. Dr. Jürgen Sachs sowie Thomas Just (beide TU Ilmenau) lieferten Beiträge zu Kapitel 6.

Ein ausdrücklicher Dank geht an alle Stiftungen und Förderer der Projekte des DEI in Jerusalem: die Gerda-Henkel-Stiftung, die Fritz-Thyssen-Stiftung, den Freundeskreis des Biblisch-Archäologischen Instituts Wuppertal (BAI), den Förderverein des DEI, die VolkswagenStiftung, die Deutsche Forschungsgemeinschaft und insbesondere die Wissenschafts-Förderungsgesellschaft Düsseldorf gGmbH.

Jerusalem,
Mai 2024

Vorwort

Seit der ersten Hans-Lietzmann-Vorlesung, die 1995 von dem klassischen Philologen Walter Burkert in Jena gehalten wurde und im folgenden Jahr als erstes Bändchen in dieser Reihe publiziert wurde, dient das Vorwort des bzw. eines der beiden Herausgebenden dazu, eine Brücke zwischen dem namensgebenden Jenaer und Berliner Ordinarius Hans Lietzmann und den Vortragenden zu schlagen. Man kann also die Reihe der Vorworte auch wie eine verteilte Lietzmann-Biographie lesen. Da schon die zweite Vorlesung in der Reihe mit Hugo Brandenburg von einem Archäologen gehalten wurde, gab es 1998 die erste Gelegenheit, einen Referenten mit den archäologischen Dimensionen im Werk von Hans Lietzmann in Verbindung zu bringen.[1] Weil die Vorlesung des Jahres 2006, in der Giorgio Philippi über die bemerkenswerten Ergebnisse der Ausgrabungen unter S. Paolo fuori le mura in Rom sprach, leider nicht publiziert werden konnte (wie auch 2016 die Vorlesung von Ortwin Dally über „Antike Badeanlagen und ihre Transformation zwischen Spätantike, Frühmittelalter und frühbyzantinischer Zeit"), bot sich freilich deutlich seltener Gelegenheit, den Archäologen Lietzmann zu portraitieren als beispielsweise den Philologen oder Historiker.[2] Am ehesten hätte sich zu einem entsprechenden Vergleich das umfangreiche Heft geeignet, das 2016 die 2012 gehaltene Vorlesung von Gunnar Brands über „Antiochia in der Spätantike" in erweiterter Form dokumentierte, „Prolegomena zu einer archäologischen Stadtgeschichte", wie es im Untertitel heißt. Denn Antiochia ist wie Jerusalem – der Focus der hier vorgelegten Vorlesung von Dieter Vieweger – einer der zentralen Orte der antiken Christenheit praktisch von Beginn an, selbst wenn die antike Großstadt am Orontes deutlich weniger intensiv ergraben wurde als Jerusalem. Im Vorwort zum Heft von Gunnar Brands wird allerdings bereits auf die hier ebenfalls schon erwähnte Lietzmann-Würdigung in der Vorlesung von Brandenburg verwiesen und nur noch wenig ergänzt.[3] Da in diesem Heft erstmals auch eine Selbstauskunft des Vortragenden (unter der Zeile „über den Autor": S. 81) abgedruckt wird, könnte man leicht auch ohne ein ausführliches Vorwort zusammentragen, was den Namensgebenden der Vorlesungsreihe mit dem verbindet, der die hier in erweiterter Form abgedruckte dreißigste Vorlesung im Jahre 2023 in Berlin und Jena gehalten hat.

Aber gerade im Fall von Dieter Vieweger bietet sich ein ausführlicherer, in einem Vorwort niedergelegter Vergleich mit Lietzmann an, der – wie der Refe-

---

1 Brandenburg 1998, V–X.
2 Auf der Homepage von Katharina Bracht sind alle Vorlesungen aufgeführt und auch die jeweiligen Publikationen: https://www.theologie.uni-jena.de/152/hans-lietzmann-vorlesungen (letzter Zugriff am 1. September 2024).
3 Brands 2016, V–IX.

rent 2023 – ursprünglich gar nicht klassische Archäologie studiert hatte und doch kenntnisreich archäologisch publiziert hat (wie in den genannten Vorworten auch genauer dokumentiert ist, vor allem zu Bauwerken in Rom und Konstantinopel/Istanbul, dabei auch zu der bedeutsamen Basilika vor den Toren des antiken Rom, über die Giorgio Philippi sprach[4]). Lietzmann war allerdings – wenn auch unter tätiger Mithilfe des Vaters eines engen Freundes, des in Bonn und Berlin wirkenden Georg Loeschcke (1852–1915) – ein archäologischer Autodidakt. Konsequenzen aus der unübersehbaren zeitgenössischen Emanzipation der einst „christlich" genannten Archäologie von der Theologie als Folge der Professionalisierung der klassischen, spätantiken und byzantinischen Archäologie zog Lietzmann erst im Blick auf seine Schüler – er ermunterte sie nämlich direkt zu institutionellen Konsequenzen der disziplinären Emanzipation der Archäologie von der Theologie und zum Wechsel in die Philosophische Fakultät.[5] Vieweger ist dagegen schon längst kein Autodidakt mehr und repräsentiert die disziplinäre Emanzipation. Er hat nach einem klassischen Studium der evangelischen Theologie, Promotion, Vikariat, Pfarramt und Habilitation und Professuren in Berlin und Wuppertal noch einmal eigens ein archäologisches Fach studiert, nämlich von 1994 bis 1998 Vor- und Frühgeschichte an der Johann Wolfgang Goethe-Universität Frankfurt am Main. Vieweger schloss dieses zweite, neben einer Professur berufsbegleitend absolvierte Studium mit einer zweiten Promotion bei Jens Lüning ab und arbeitete zu einem, auf eine zentrale Ausgrabung in Zypern bezogenen Thema: „Zur Chronologie der Nekropole von Tamassos-Lambertis".[6] Bereits ein oberflächlicher Blick in die hier vorgelegte Vorlesung und ihre reichlichen Abbildungen zeigt allerdings, dass Vieweger angesichts der beständigen weiteren Entwicklung der archäologischen Disziplinen, die wohl am entschlossensten von allen Geisteswissenschaften die klassischen Grenzen zwischen Geistes-, Natur- und Technikwissenschaften hinter sich gelassen haben, nicht bei einem vor dreißig Jahren begonnenen Zweitstudium geblieben ist; beständige Fortbildung insbesondere bei neuen Techniken, den digitalen Methoden und auf dem Gebiet der Wissenschaftskommunikation zeichnen ihn aus. An diesem Punkt setzt er die interdisziplinäre Neugier von Lietzmann durchaus fort, allerdings in einem stark gewandelten wissenschaftlichen und kommunikativen Umfeld. Auch seine fünfbändige „Geschichte der biblischen Welt" (2019–2022) mag man trotz aller Unterschiede bei Focus, Präsentation, intendiertem Publikum und forschender Persönlichkeit mit der vierbändigen „Geschichte der

---

4 Lietzmann 1927, 211–225.
5 Markschies 2022, 28–35 (zu Lietzmann und dessen Schüler Friedrich Gerke, mit weiteren Literaturhinweisen).
6 Vgl. dazu die elektronische (Kurz-)Fassung unter: https://publikationen.ub.uni-frankfurt.de/frontdoor/index/index/docId/3020 (letzter Zugriff am 1. September 2024).

Alten Kirche" von Hans Lietzmann (1932–1944) vergleichen. Vieweger scheut weder den Ausgriff in politikwissenschaftliche Fragestellungen noch Einsätze für das public understanding of science beispielsweise in populären Fernsehsendungen.[7] Insofern darf man seine Bestellung zum Direktor des Deutschen Evangelischen Instituts in Jerusalem, zugleich einer Forschungsstelle des Deutschen Archäologischen Instituts, im Jahre 2005 als einen großen Glücksgriff bezeichnen. Denn dieser Posten erfordert – wie leicht zu sehen ist – viel politische Sensibilität, für die auch entsprechende Kenntnisse erforderlich sind, aber eben auch exzellente archäologische wie historische Kenntnisse, um in einer nicht sehr einfachen Landschaft zu graben und die Ergebnisse dann ebenso überzeugend wie konsensuell zu interpretieren. Mit der Leitung des Hauses auf dem Jerusalemer Ölberg sind weitere Anforderungen verbunden: Lehre in verschiedenen Institutionen, Führung diverser Gruppen, die Kuratierung der Sammlungen der traditionsreichen Institution, Öffentlichkeitsarbeit für verschiedenste Kreise, aber eben auch eigene Grabungs- und Publikationstätigkeit. Man darf festhalten, dass Vieweger nicht nur alle diese Aufgaben virtuos wahrnimmt, sondern das Institut wieder an bisher schon bedeutsamen Ausgrabungsplätzen und neuen dazu hat präsent werden lassen. Daran zeigt sich auch, wie sehr ihm israelische, palästinensische und jordanische Autoritäten wie Institutionen vertrauen.

In der hier vorgelegten Vorlesung beschäftigt sich der Autor mit drei zentralen Punkten der Archäologie der Heiligen Stadt Jerusalem: mit dem Zionsberg, dem Hügel Golgatha und dem Problem der Verläufe der Mauern des Ortes. Alle, die sich schon einmal mit der Geschichte Jerusalems beschäftigt haben, wissen, wie zentral die Ansichten zu diesen Punkten für jede Rekonstruktion der Geschichte der Stadt sind. Vieweger hat erstmals oder nochmals gegraben. Er ordnet von daher die Arbeiten seiner Vorgänger ein und bewertet sie neu. Das führt dann zu Korrekturen und Klärungen unseres bisherigen Wissens; an solcher Zusammenschau des Wissens über das spätantike Jerusalem hat sich auch der Autor dieses Vorwortes versucht, allerdings vor der Publikation der folgenden Seiten.[8]

Dieter Vieweger, so viel sei mit großem Dank verraten, sprang kurzfristig ein, als die ursprünglich vorgesehene Referentin für das Jahr 2023 zunächst schwer erkrankte – Sabine Ladstätter, Direktorin des Österreichischen Archäologischen Instituts der Österreichischen Akademie der Wissenschaften und Ausgräberin von Ephesus ist unterdessen gestorben.[9] Ihr Verlust wird von vielen weit über die

---

7 Vieweger 2019.
8 Markschies 2008, 421–447 sowie Markschies 2021, 57–90.
9 https://www.derstandard.de/story/3000000222768/archaeologin-sabine-ladstaetter-gestorben (letzter Zugriff am 1. September 2024).

engen Fachgrenzen betrauert und es wäre schön gewesen, einen Band aus ihrer Hand über die antike Metropole Ephesus in dieser Reihe zu sehen. Es verrät viel über den Menschen und Theologen Dieter Vieweger, dass er in dieser schrecklichen Situation sofort zusagte, die Vorlesungen in Jena und Berlin zu übernehmen. Großen Dank schulden wir ihm aber auch alle dafür, dass er nicht einfach nur seinen Vortrag zum Abdruck bringt, sondern ihn, partiell gemeinsam mit Katja Soennecken, Jennifer Zimni-Gitler, Jürgen Sachs sowie Thomas Just, zu einem veritablen und informativen Büchlein weiter ausgebaut hat. Auch in dieser fröhlichen, stets hilfsbereiten und auskunftsfreudigen Zugewandtheit dürfte der Referent in den Spuren des Namensgebers dieser Vorlesung wandeln.

Berlin-Mitte, am 1. September 2024   Christoph Markschies

Bibliographie

Brandenburg, Hugo. 1998. *Die Kirche S. Stefano Rotondo in Rom*. Hans-Lietzmann-Vorlesungen 2. Berlin/New York: De Gruyter.

Brands, Gunnar. 2016. *Antiochia in der Spätantike. Prolegomena zu einer archäologischen Stadtgeschichte*. Hans-Lietzmann-Vorlesungen 14. Berlin/Boston: De Gruyter.

Lietzmann, Hans. 1927. *Petrus und Paulus in Rom. Liturgische und archäologische Studien*. Arbeiten zur Kirchengeschichte 1. 2., neu bearb. Aufl. Berlin und Leipzig: De Gruyter.

Markschies, Christoph. 2008. „Was lernen wir über das frühe Christentum aus der Archäologie des Heiligen Landes?." In *Zeitschrift für Antikes Christentum* 11, 2008: 421–447 (mit 14 Abb.).

Markschies, Christoph. 2021. „Die Christianisierung Jerusalems und ihre Auswirkungen auf die Urbanisierung." In *Jerusalem II. Jerusalem in Roman-Byzantine Time*, hg. von Katharina Heyden und Maria Lissek unter Mitarbeit von Astrid Kaufmann. Civitatum Orbis MEditerranei Studia 5. 57–90. Tübingen: Mohr-Siebeck. 57–90.

Markschies, Christoph (mit Tomas Lehmann). 2022. „Christliche Archäologie und Christliches Museum an der Humboldt-Universität zu Berlin." In *Forschungsgeschichte als Aufbruch. Beiträge zur Geschichte der Christlichen Archäologie und Byzantinischen Kunstgeschichte. XXIV. Tagung der Arbeitsgemeinschaft Christliche Archäologie Bonn, 10.-12. Mai 2018*. Hg. v. Sabine Schrenk und Ute Versteegen, 17–44. Heidelberg: Propylaeum. [S. 11–25 von Lehmann, 28–44 von Markschies, 25–28 von beiden gemeinsam]

Vieweger, Dieter. 2019. *Streit um das Heilige Land. Was jeder vom israelisch-palästinensischen Konflikt wissen sollte*. 7., erweiterte Aufl. Gütersloh: Gütersloher Verlagshaus.

Inhaltsverzeichnis

Danksagung —— V

Vorwort —— VII

1 Der Zionsberg —— 1
1.1 Zur Forschungsgeschichte —— 3
1.2 Die Arbeiten des DEI —— 5

2 Der Mythos von einer eisenzeitlichen Stadtmauer im Südwesten des Zionsberges —— 7
2.1 Gab es eine eisenzeitliche Stadtmauer in Areal I? —— 10
2.2 Zur Größe der alttestamentlichen Stadt im 8./7. Jh. v. Chr. —— 14

3 Der Zionsberg und seine Wohnquartiere —— 17
3.1 Die alttestamentliche Epoche (Eisenzeit II, 8./7. Jh. v. Chr.; Stratum 7) —— 17
3.2 Die späthellenistische und die römische Zeit (Mitte 3. Jh. v. bis 2. Jh. n. Chr.; Strata 6–4) —— 17
3.2.1 Die späthellenistische Zeit (Mitte 3. Jh. bis 63 v. Chr.; Stratum 6) —— 17
3.2.2 Die frührömische Zeit (63 v. bis 70 n. Chr.; Stratum 5) —— 19
3.2.3 Die spätrömische Zeit (70 bis 2. Jh. n. Chr.; Stratum 4) —— 21
3.3 Die Blüte des Zionsberges in der Spätantike und in der umayyadischen Epoche (325–749 n. Chr.; Stratum 3) —— 23
3.3.1 Areal I —— 23
3.3.2 Areal II —— 25
3.3.3 Areal IV —— 27
3.3.4 Areal V —— 31
3.3.5 Areal VI —— 32

4 Der Zionsberg im Umfeld der *Hagia Sion* von der Spätantike bis zum Mittelalter —— 35
4.1 Die *Hagia Sion* in der Spätantike (Stratum 3) —— 35
4.2 Die Epoche der Ayyubiden und Kreuzfahrer (ca. 11.–13. Jh. n. Chr.; Stratum 2) —— 37
4.2.1 Die mittelalterliche *Sancta Maria in Monte Sion* – die „Mutter aller Kirchen" —— 37
4.2.2 Der ayyubidische Trockengraben —— 42

5	Die archäologischen Forschungen unter der Erlöserkirche und die Frage nach dem biblischen Golgotha —— 45
5.1	Mythos und Wirklichkeit – Kathleen Kenyon zerstört sicher geglaubte Theorien —— 48
5.2	Die Grabungen des DEI unter der Erlöserkirche (1970–1974 und 2009–2012) —— 50
5.2.1	Der Steinbruch (1. Jh. v. Chr.; Stratum 6) —— 50
5.2.2	Die Schwemmschichten (nach 4 v. Chr. bis 70 n. Chr.; Stratum 5) —— 53
5.2.3	Die Einbeziehung des Muristan in das Stadtgebiet unter Kaiser Hadrian (132–135 n. Chr.; Stratum 4) —— 55
5.2.4	Die Umgestaltung des Muristan beim Bau der Grabeskirche unter Kaiser Konstantin (ca. 325–335 n. Chr.; Stratum 3) —— 56
5.2.5	*St. Maria Latina* (11./12. Jh. n. Chr.; Stratum 2) —— 58
5.2.6	Der Grundstein (1893; Stratum 1) —— 59
5.3	Diskussionen zum Kreuzigungs- und Grablegungsort Jesu —— 60

6	Geophysikalische Erkundung der Lage und des Verlaufs der Nordmauer Jerusalems in herodianischer Zeit unter dem christlichen und muslimischen Viertel der Altstadt von Jerusalem —— 62
6.1	Ausgangsfragen —— 62
6.2	Geophysikalische Messungen im Tiefschnitt unter der Erlöserkirche —— 63
6.3	Geophysikalische Messungen in den Straßen und Gassen der Stadt —— 66
6.4	Das Georadar —— 67
6.4.1	Das neue Antennenkonzept —— 69
6.4.2	Das Sendesignal —— 70
6.4.3	Der Radarscanner —— 70
6.5	Die Messkampagnen —— 71
6.6	Ergebnisse der Messungen in den Straßen der Altstadt —— 72
6.7	Schlussfolgerungen —— 74

7	Ergebnisse und weitere Zielstellungen —— 75

Bibliographie —— 77

Über den Autor —— 83

1 Der Zionsberg

Verlässt man Jerusalems heutige Altstadt durch das Zionstor, dann betritt man einen Ort, der in besonderer Weise von Geschichte und Geschichten, Legenden und Konflikten geprägt ist.[1] Den drei großen monotheistischen Religionen ist der Berg im Südwesten Jerusalems heilig.

Die Verortung vieler religiöser Traditionen und die Benennung der heute als Zionsberg bezeichneten Erhebung südwestlich der Altstadtmauern gehen jedoch auf einen geschichtlichen Irrtum zurück. Wird im Alten Testament von „Zion" gesprochen, bezieht sich dies auf die von König David um 1000 v. Chr. eroberte Stadt („Davidstadt"/*Silwān*) oder auf die „Burg Zion", eine Jebusiter-Festung (I Chr 11,5) im Norden der damaligen Ansiedlung. Ein paar Jahrhunderte später jedoch galt der Tempelberg oder aber die Stadt generell als „Zion".

Der heutige Zionsberg – westlich der „Davidstadt" – wurde frühestens im 8./7. Jh. v. Chr. besiedelt (Abb. 17). Möglicherweise wurde er damals durch König Hiskia (725–696 v. Chr.) zu einem Teil mit in die Stadtbefestigung eingeschlossen. Sicher ist, dass in späthellenistischer und römischer Zeit der damals schon dicht besiedelte Hügel zum ummauerten Stadtgebiet gehörte. Dieses Stadtviertel wurde – wie ganz Jerusalem – im Jahre 70 n. Chr. im Zuge des „Jüdischen Krieges" durch Titus' Truppen zerstört. Dass der Berg daraufhin nur noch als Ackerland diente oder verödete, beschrieb Eusebius, der Bischof von Caesarea (260/64–339/40 n. Chr.). Für ihn war dies die Erfüllung der Vorhersagen des Propheten Micha (Mi 3,12).

Der berühmte Zeitzeuge der Zerstörung Jerusalems, Flavius Josephus, sah den Zionsberg – wie viele seiner Zeitgenossen – fälschlicherweise als ein schon unter David zum Stadtgebiet gehörendes Wohngebiet an (Ios. bell. V 137), in dem der König dann auch begraben worden sein musste (I Kön 2,10). Damit legte er den Grundstein für die Translozierung der Traditionen des alttestamentlichen Zionsberges von der „Davidstadt" auf den Südwesthügel Jerusalems, dem heutigen Zionsberg – allen voran des Grabes Davids.

Mit der Christianisierung Jerusalems wurden dann auch zahlreiche neutestamentliche Erzählungen mit Orten auf dem Zionsberg verbunden und dort Kirchen und Klöster errichtet. Folglich verbindet der Pilger von Bordeaux (ca. 333 n. Chr.) den Namen „Zion" mit diesem Hügel.[2] Mit dem Bau der großen Säulenbasilika unter Johannes II. (386–417 n. Chr.) im Jahr 415 n. Chr. auf dem Zionsberg – die später *Hagia*

---

[1] Der Zionsberg liegt vermutlich seit dem Erdbeben 1033 n. Chr. außerhalb des befestigten Stadtgebietes. Vgl. Abed Rabo 2023, 577–597, und Cytryn 2023, 421–423. Die heutige Stadtmauer um die Altstadt wurde von Sultan Süleyman I. zwischen 1532 und 1542 errichtet.

[2] S. dazu das Itinerarium Burdigalense (oder: Itinerarium Hierosolymitanum), Itin. 16.

Sion genannt wurde – manifestiert sich eine bis heute reichende Ortstradition. An gleicher Stelle wurde später die kreuzfahrerzeitliche Kirche *Sancta Maria in Monte Sion* errichtet.

Über dem seit dem 10. Jh. n. Chr. auf dem Zionsberg verehrten „Grab Davids" (Abb. 1) ist heute der „Abendmahlssaal" (*Coenaculum*) zu besichtigen (Abb. 2). Dieser geht auf spätantike Traditionen zurück; der heute noch zu sehende Saal wurde aber erst durch die Kreuzfahrer errichtet. Nach der Zerstörung der kreuzfahrerzeitlichen Kirche im späten Mittelalter traten angesichts der islamischen Verehrung Jesu und Davids als Propheten muslimische Traditionen hinzu. Der „Abendmahlssaal" und das „Grab Davids" wurden so zu Pilgerorten für Juden, Christen und Muslime.

Abb. 1: „Davidsgrab" auf dem Berg Zion gegen Ende des 19. Jh. © Bossard, ohne Jahr und Seitenzählung.

Abb. 2: „Abendmahlssaal" (*Coenaculum*) auf dem Berg Zion gegen Ende des 19. Jh. © Bossard, ohne Jahr und Seitenzählung.

Selbst die seit 150 Jahren durchgeführten archäologischen Ausgrabungen, die die heutige „Davidstadt"/*Silwān* korrekt auf dem Südosthügel identifizierten, konnten den Namen „Zion" nicht wieder an seinen ursprünglichen Ort zurückbringen, da die religiösen Erinnerungsstätten inzwischen fest auf dem Südwesthügel (Abb. 17) verankert waren.[3]

Dem „Grab Davids" sollte in der Neuzeit eine besondere Bedeutung zukommen. Von 1948 bis 1967 verlief die Grenzlinie zwischen der Jerusalemer Altstadt unter jordanischer Verwaltung und der israelischen Weststadt über den Zionsberg. Der Zugang zur Klagemauer war während dieser Jahre der jüdischen Bevölkerung verwehrt. Daher traf man sich zum Gebet auf dem Dach des „Davidsgrabes" (mit

---

[3] Re'em 2023, 513–553; Hirschberg 1954, 213–220; Limor 1988, 453–462; Reiner 2010, 49–56, und Reich 2000.

Blick zum ehemaligen Tempelberg und dessen westlicher Umfassungsmauer) als dem damals bedeutendsten erreichbaren jüdischen Verehrungsort in Jerusalem.

Die christlichen Traditionen werden heute vom Saal des letzten Abendmahls und der 1910 eingeweihten *Dormitio*, der deutschen Benediktinerabtei, weitergetragen. Diese steht in etwa an der Stelle der ehemaligen spätantiken Basilika *Hagia Sion* und der Kreuzfahrerkirche *Sancta Maria in Monte Sion*.

Abb. 3: Der Zionsberg (Südwesthügel) von Jerusalem; Blick von Süden mit den Ausgrabungsarealen des DEI und der *Dormitio*-Abtei im Vorder- sowie der Altstadt im Hintergrund © Yehiel Zelinger, IAA.

1.1 Zur Forschungsgeschichte

Die archäologische Forschung auf dem südlichen Abhang des Zionsberges begann im 19. Jahrhundert mit Charles Warren und Charles W. Wilson.[4] Henry Maudsley erkundete in den Jahren 1872 bis 1874 den Felsvorsprung entlang des südwestlichen Hügels. Seine Untersuchungen umfassten auch das Gelände der ehemaligen Bischof Gobat-Schule (heute: „Jerusalem University College"). Lieutnant Claude

---

4 Wilson 1865.

R. Conder veröffentlichte Henry Maudsleys Erkenntnisse, Thesen und Funde in einem Bericht an den Palestine Exploration Fund im Jahr 1875.[5] Darin kam er zu dem zutreffenden Schluss, dass der bearbeitete Abschnitt des Felsvorsprungs entlang des Geländes der Bischof Gobat-Schule und des anglikanisch-preußischen Friedhofs das Fundament einer historischen Stadtbefestigung Jerusalems gewesen sein muss.[6]

Henry Maudsley fand auch eine Doppel-Miqwenanlage (Abb. 4) und baute sie in die Nordwand des Anglikanisch-Preußischen Zionsfriedhofes ein. Unter großem Aufwand und in Kooperation mit einem Team um Estelle Thierry (Aphva International e.V.) wurde die Miqwe zwischen 2017 und 2022 im Auftrag des DEI restauriert.

Abb. 4: Doppel-Miqwe aus frührömischer Zeit; von Aphva International e.V. in Kooperation mit dem DEI zwischen 2017 und 2022 restauriert © BAI/DEI.

Zwischen 1894 und 1897 erkundeten Frederick Bliss und Archibald Dickie mit Hilfe von Tunneln und Schächten den Südabhang des Zionsberges archäologisch. Als sie dabei auf Toranlagen (im späteren Areal I; Abb. 9) stießen, öffneten sie diesen Bereich trichterförmig nach oben. Das gleiche Gelände erforschten etwa einhundert Jahre später Bargil Pixner, Doron Chen und Shlomo Margalit erneut.

---

5 Conder 1875, 81–89.
6 Für eine Zusammenfassung der Geschichte des Friedhofs siehe Schulz 1998.

In den 1970er und 1980er Jahren unternahmen sie hier Ausgrabungen, um die Stadtmauer des berühmten Königs Hiskia (725–696 v. Chr.), die in II Chronik 32,5 und Jesaja 22,10 beschrieben wird, aufzufinden. Dabei identifizierten sie ein kurzes Stück Mauerführung nahe des „Essenertores" mit der alttestamentlichen Mauer Hiskias (Kap. 2.1–2).[7]

1.2 Die Arbeiten des DEI

Im Jahr 2015 begann das DEI damit, das alte Grabungsgelände von Frederick Bliss und Archibald Dickie sowie von Bargil Pixner, Doron Chen und Shlomo Margalit wieder freizulegen. Das Tor mit seinen drei übereinander liegenden Schwellen, Teile der dazugehörigen Mauern sowie der sich westlich anschließende Turm mit seiner konstruktiven Abfolge von Bauschichten wurden wieder sichtbar. Die freigelegten Tor- und Stadtmauerbereiche inklusive des nahe gelegenen Südwestturmes (Abb. 9–11) wurden neu vermessen und entsprechend den vorliegenden Baubefunden interpretiert, um zwischen 2016 und 2020 das sich anschließende antike Stadtgebiet, das durch das südwestliche Stadttor Jerusalems betreten werden konnte, zu erforschen (Areale I und III; Abb. 5).

Dem DEI wurde vom griechisch-orthodoxen Patriarchat und dem Heiligen Synod die besondere Ehre zuteil, auch auf deren Eigentum archäologische Forschungen unternehmen zu dürfen. Dazu gehören das Areal II im Zentrum des „Griechischen Gartens", das südöstlich des griechisch-orthodoxen Priesterseminars gelegene Areal VI und die auf den (wenigen) Freiflächen des griechisch-orthodoxen Friedhofs angelegten Sondagen (Areal VIII).[8]

Das DEI grub in den Jahren 2021 und 2022 im Bereich des unteren (Areal IV) und des oberen Klostergartens der *Dormitio*-Abtei (Areal V) insbesondere spätantike Wohnbereiche aus. Den Mönchen des Benediktinerordens sei für ihre freundliche Genehmigung unserer Grabungsarbeit herzlich gedankt.

All diese Untersuchungen erfolgten in Kooperation mit der israelischen Antikenverwaltung (IAA) – deren Engagement hier ebenso gewürdigt werden soll.

---

7 8./7. Jh., Eisenzeit II.
8 Vieweger et al. 2020, 268–292.

6 — 1 Der Zionsberg

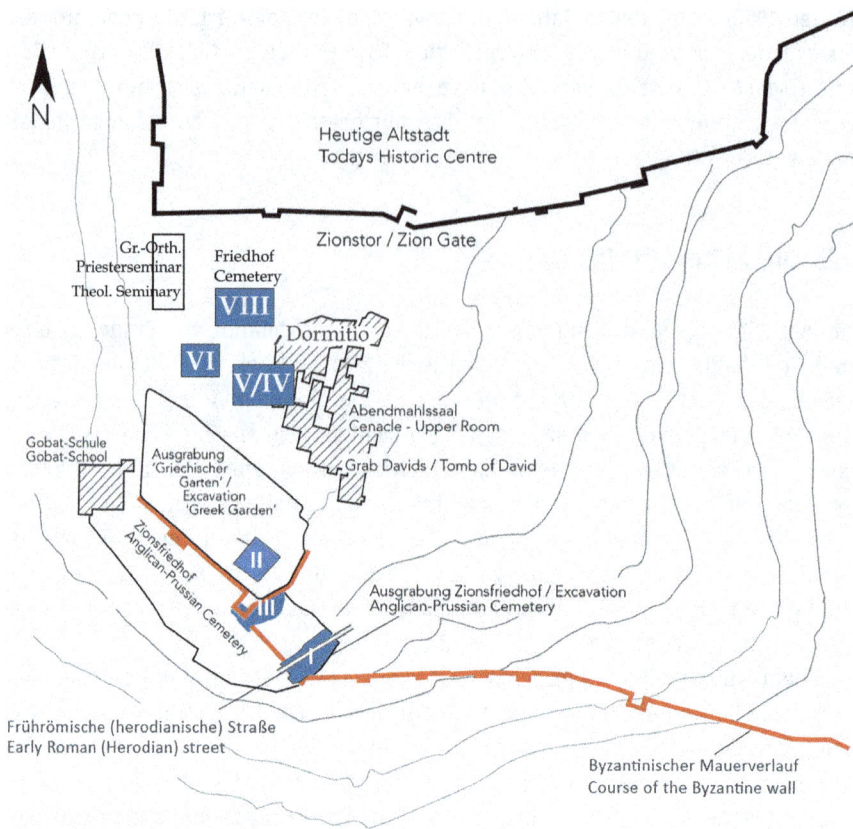

Abb. 5: Der Zionsberg mit den spätantiken Mauerfunden von Frederick Bliss und Archibald Dickie (rot), den Grabungsarealen des DEI (blau) sowie der heutigen südlichen Altstadtmauer nahe des Zionstors (schwarz) © BAI/DEI.

2 Der Mythos von einer eisenzeitlichen Stadtmauer im Südwesten des Zionsberges

Schon seit Beginn der archäologischen Forschung in Jerusalem wird die Frage nach dem Verlauf der eisenzeitlichen Mauer heftig diskutiert. Unter König Hiskia im 8. Jh. v. Chr. flohen viele Bewohner des ehemaligen Nordreichs nach Süden und siedelten sich in Jerusalem an, wodurch die Stadtbevölkerung deutlich anwuchs.[9] Dies machte sowohl den Ausbau des Wassersystems („Hiskia-Tunnel") als auch eine Erweiterung des Stadtgebietes nach Westen nötig. Doch kamen bisher eindeutige archäologische Zeugnisse dieser Mauer aus dem 8. Jh. v. Chr. nur in der „Davidstadt"/ *Silwān*, in der Davidszitadelle[10] und der Kishle[11] sowie im jüdischen Viertel[12] ans Tageslicht. Ihr südlicher Verlauf blieb Gegenstand vieler Spekulationen und war bisher archäologisch nicht fassbar.

Zwar konnte Yehiel Zelinger (IAA) südlich des DEI-Areals I zwischen 2018 und 2020 einen Teil einer frühen Stadtmauer ausgraben, doch musste er offen lassen, ob es sich dabei tatsächlich um Relikte der Eisenzeit handelte oder vielmehr um ein Stück der hasmonäischen Stadtbefestigung.[13]

Während der vom DEI 2020 durchgeführten Kampagne wurden in Areal I mehrere Stadtmauern nachgewiesen und deren stratigrafische Einordnung grundlegend erforscht. Die chronologische Bestimmung wurde durch zahlreiche 14C- und OSL-Analysen[14] ergänzt.

Die älteste Mauer dieses Bereiches liegt in etwa parallel zur später erbauten frührömischen, möglicherweise herodianischen Mauer und wurde angesichts

---

9 Auch der allgemeine wirtschaftliche Aufschwung wird zur Vergrößerung der Siedlungsfläche beigetragen haben.
10 Re'em 2019, 136–144, und Johns 1950, 121–190.
11 Die Kishle befindet sich südlich der Davidszitadelle. Sie wurde 1833 von Mohamed Ali, dem Herrscher von Ägypten, direkt innerhalb der osmanischen Stadtmauer als Kaserne angelegt. Später diente der Ort als Polizeistation und Gefängnis. Während der Ausgrabungen 1999–2000 wurden dort mehrere historische Stadtmauern Jerusalems freigelegt, deren älteste in die Eisenzeit II datiert.
12 Geva 2000, 44–82.
13 Zelinger 2019, 279–288.
14 Mithilfe von OSL (Optically Stimulated Luminescence)-Datierungen ist es möglich, die letzte Belichtung eines Sediments zu ermitteln. Diese Altersbestimmung wird anhand von Halbleitern wie Quarzen und Feldspaten durchgeführt, da diese den durch ionisierende Strahlung entstandenen Schaden im Kristallgitter am besten speichern, welcher anschließend durch ein Lumineszenz-Signal messbar ist.

 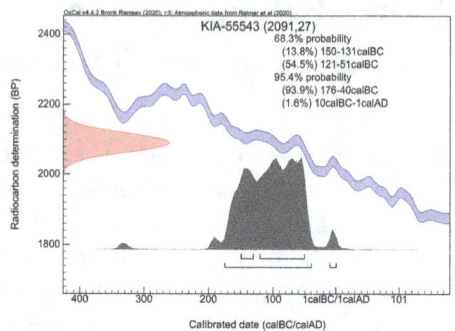

Abb. 6: Späthellenistische Stadtmauer © BAI/DEI.

Abb. 7: 14C-Datierung der späthellenistischen Stadtmauer © BAI/DEI.

ihres Baustils und durch Keramikfunde in die späthellenistische Zeit (3./2. Jh. v. Chr.; Stratum 6b; Abb. 6–7) datiert.[15]

Die frührömische Mauer (Abb. 8) mit dem berühmten „Essenertor" (Stratum 5) wurde südwestlich davon angelegt. Sie ist mit einigen Steinschichten auf dem südwestlichen Turmeck noch gut zu belegen. Das neu errichtete Tor diente als südwestlicher Eingang aus Richtung Bethlehem, Hebron oder dem Hügelland um Bet Schemesch. Die unterste der heute sichtbaren drei Torschwellen (Abb. 9.1) ist aufgrund von Keramik- und Münzfunden in die frührömische Zeit zu datieren.[16] Das Tor wird bei Flavius Josephus (Ios. bell. V 145) beschrieben.

Aus hadrianischer Zeit war keine Mauer zu erwarten (Stratum 4). Während dieser Epoche war Jerusalem nicht umwallt, sondern wurde durch die *Legio X fretensis* geschützt. Hadrian errichtete verschiedene freistehende Tormonumente, die heute noch unter dem Damaskustor, im russisch-orthodoxen Bereich nahe der Grabeskirche („Gerichtstor") und auf der *Via dolorosa* mit dem „Ecce-Homo-Bogen" zu sehen sind. Eine solche Konstruktion wurde ebenso unter dem spätantiken und oberhalb des frührömischen Tores in Areal I nachgewiesen (Abb. 9.2).

Die jüngste der Stadtummauerungen wurde in der Spätantike errichtet. Mit der oberen Torschwelle, der angrenzenden Mauer sowie mit den oberen Lagen

---

15 Sie wird dem Stratum 6b zugeordnet und besteht aus massiven Quadern, die in Läufer- und Bindertechnik verbaut wurden, sowie aus kleineren Steinen, die in den abgearbeiteten Felsen als Fundament eingepasst wurden. Die Bauweise der Mauer ist mit anderen hellenistischen Fortifikationen wie zum Beispiel in Samaria/Sebaste (Crowfoot, Kenyon und Sukenik 1942) aus dem 4./3. Jh. v. Chr. und zeitgleichen Mauern im Jüdischen Viertel (Zimni 2023, 138.) vergleichbar.
16 Pixner, Chen und Margalit, 1989, 87.

Abb. 8: Frührömische, möglicherweise herodianische Stadtmauer und Turm (pink) © BAI/DEI.

Abb. 9: Übereinanderliegende Torschwellen aus frührömischer (1), hadrianischer (2) und spätantiker Zeit (3) © BAI/DEI.

des südlich davon gegründeten Turms ist diese gut nachzuvollziehen (Abb. 10 [rot]). Zwischen Torschwelle und Turm ist jedoch noch eine spätere Reparaturschicht zu bemerken, die vermutlich in die Zeit der sassanidischen Eroberung der Stadt,[17] ins Jahr 614 n. Chr., zu datieren ist. Möglicherweise schlugen hier die sassanidischen Besatzer eine Bresche in die Mauer, um die Stadt verteidigungsunfähig zu machen (Abb. 11 [rot]).[18]

---

17 Nach 21-tägiger Belagerung.
18 Nach der Eroberung der Stadt wurden viele Einwohner getötet und zahlreiche Kirchen zerstört. Die Perser verschleppten das heilige Kreuz nach Ktesiphon. – Die Mauerbresche könnte direkt nach der Eroberung der Stadt oder in der Folge der wenige Monate später eruptierenden christlichen

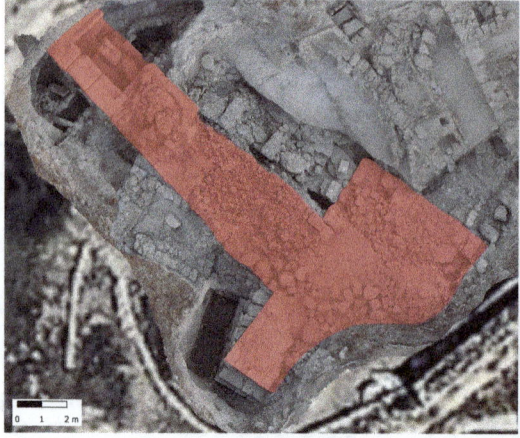

Abb. 10: Spätantike Stadtmauer mit Tor (links oben) und die Reste des 1903/4 beim Bau der Friedhofsmauer zerstörten Turms (unten) © BAI/DEI.

Abb. 11: Mögliche sassanidische Bresche in der spätantiken Mauer (rot) © BAI/DEI.

2.1 Gab es eine eisenzeitliche Stadtmauer in Areal I?

Auf der Suche nach dem seit Jahrzehnten heftig diskutierten Verlauf der Stadtmauer des 8./7. Jh. v. Chr. folgte das DEI den Vorarbeiten von Bargil Pixner, Doron Chen und Shlomo Margalit.[19] Sie hatten in den 1980er Jahren bekanntgegeben, im später vom DEI Areal I genannten Bereich auf ein auf dem Fels gegründetes Segment der eisenzeitlichen Mauer unterhalb des später angelegten Südwesttores der Stadt (Abb. 9) gestoßen zu sein.[20]

Sie beschrieben die von ihnen in einer Länge von ca. 2 m aufgefundene Mauer (Abb. 12 und 13) mit einem für die Eisenzeit typischen Aufbau: An beiden Außenseiten befänden sich Reihen großer Felsblöcke, deren Zwischenraum mit kleineren

---

Unruhen gegen den von den Sassaniden eingesetzten jüdischen „Rat der Gerechten" unter Führung des jüdischen Messiasanwärters Nehemia ben Huschiel geschlagen worden sein. Nach nur 19 Tagen eroberte Nehemia die Stadt zurück (Horowitz 1998, 1–39, und 2008, 228–230). – Nach dem Sieg des oströmischen Kaisers Herakleios bei Ninive im Dezember 627 n. Chr. fiel Jerusalem wieder an Byzanz. Der Kaiser zog schließlich am 21. März 630 mit dem Heiligen Kreuz triumphal in Jerusalem ein. Zu diesem Zeitpunkt wird die Mauerbresche wieder geschlossen gewesen sein.

19 Vgl. Pixner, Chen und Margalit 1989, 85–95, sowie Chen, Margalit und Pixner 1994, 76–81. Inspiriert von der Benennung „Essener-Tor" versuchte Bargil Pixner ein „Viertel der Essener" auf dem Zionsberg zu rekonstruieren (Pixner 1976, 245–284, und 1997, 22–31. 64–67).

20 Chen, Margalit und Pixner 1994, 76–81.

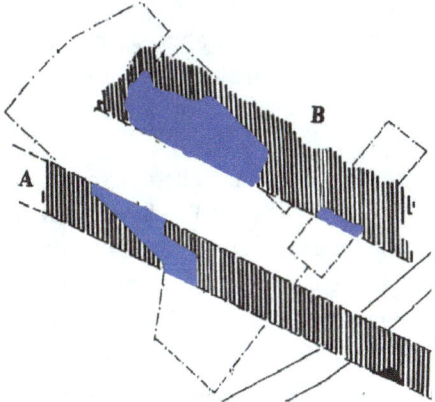 

Abb. 12: Bargil Pixners eisenzeitlich datierte Mauer dies- und jenseits der spätantiken Stadtmauer (blau) © Vieweger 2019, II: 290.

Abb. 13: Die vom DEI ergrabenen vorrömischen Stadtmauern © BAI/DEI.

Steinen verfüllt worden sei. Das südwestliche Gesicht der Mauer meinten sie, in direktem Anschluss an den Turm gefunden zu haben (Abb. 12 A) – der nordöstliche Abschluss liege unter und jenseits der jüngeren spätantiken Mauer (Abb. 12 B).

Um an eine unberührte Grabungsfläche zu gelangen, trug das DEI – angrenzend an die von Bargil Pixner beschriebene Stadtmauer – ein 12 m^2 großes Areal in einer Tiefe von 5,50 m ab. Dabei kam eine Kasemattenmauer zum Vorschein (Abb. 14). Diese bestand aus aneinandergefügten Räumen, die in Friedenszeiten zur Vorratslagerung genutzt und in Kriegszeiten mit Erde und Steinen gefüllt werden konnten, um so einen massiven Wall zum Schutz der Stadt zu schaffen.

Die 2,40 m breite Konstruktion der Kasemattenmauer war direkt auf dem Felsen gegründet und stand noch etwa 70 cm an. Ihre ehemalige „Verfüllung" war von Bargil Pixner jedoch in den 80er Jahren nicht entfernt worden – wie man bisher (aufgrund seiner Grabungsbeschreibungen) annehmen musste. Die verschiedenen losen Steine, die von ihm als Mauerverfüllung angesehen wurden, waren durch Erdschichten voneinander und auch von der eigentlichen Kasemattenmauer getrennt. Sie sind allein als Mauerversturz zu interpretieren. Eine Kasemattenmauer dieser Art war bereits von Frederick Bliss und Archibald Dickie vor über 100 Jahren im katholischen Friedhof (südöstlich der DEI-Grabungsstelle) aufgefunden worden (Abb. 16).[21] Allerdings konnte diese damals zeitlich nicht eingeordnet werden.

---

21 Bliss 1898, Pl. IV.

Beträchtliche neun Prozent aller registrierten Scherben der DEI-Grabung in Areal I stammten aus der Eisenzeit II. Bargil Pixner erwähnt solche Funde ebenso.[22] Dieser Befund spricht entweder für eine Nutzung des Bereichs zu Wohnzwecken oder aber als landwirtschaftliches Gebiet außerhalb der befestigten Stadt während der alttestamentlichen Epoche.

Entscheidend für die Datierung der fraglichen Mauer sind allerdings nicht die umliegenden Funde, sondern die archäologischen Reste im Fundamentgraben. Hier wurden vier diagnostische Scherben aufgefunden; die beiden den Befund datierenden, d. h. die jüngsten Funde stammten aus der hellenistischen Zeit.[23] Aufgrund dessen und angesichts der vorliegenden 14C-Daten (Abb. 15) stammt diese Mauer aus dem 2./1. Jh. v. Chr., gehört also in die hasmonäische Zeit. Damit gehört sie zu Stratum 6a und ist jünger als die oben beschriebene späthellenistische Umwallung der Stadt (Stratum 6b; Abb. 6).

Mit der Kasemattenmauer waren die unteren Lagen des angrenzenden Turmes verbunden,[24] vermutlich auch ein von Frederick Bliss und Archibald Dickie vermessener und dokumentierter weiterer Turm sowie ein möglicher Torbereich nordwestlich der (heute freiliegenden) jüngeren Tore (Abb. 19) unter den Soldatengräbern des Ersten Weltkrieges.

Die von Bargil Pixner zusammengeführten Mauerreste dies- und jenseits der spätantiken Mauer (Abb. 12 und 13, blau) sind damit im Gegensatz zu dessen Interpretation zwei unterschiedlichen Mauern zuzurechnen: der ältesten, der späthellenistischen Mauer des Bereiches (Stratum 6b) und der davon unabhängigen Kasemattenmauer (Stratum 6a). Um dies zweifelsfrei nachzuweisen, wurde 2020 selbst die an die Kasemattenmauer angrenzende spätantike Mauer geschnitten, bis auf den Fels abgetragen und anschließend restauriert. Eine konstruktive Verbindung zwischen beiden fraglichen Mauern gab es nicht. Es scheint jedoch sinnvoll, dass beide parallel zueinander angelegten Mauern mit der Errichtung der Kasemattenmauer gemeinsam auf dem Abhang des Zionsberges existierten, um die limitierte Verteidigungsfähigkeit der älteren Mauer zu verbessern.

Die aufgefundenen späthellenistischen und hasmonäischen Fortifikationen (Strata 6b/a) und deren zahlreiche (Wieder-)Aufbauphasen und Zerstörungen werden auch in den schriftlichen Quellen widergespiegelt: Eine erste Befestigung durch die hasmonäischen Herrscher in Jerusalem wird bereits Judas Makkabäus zugeschrieben (166–160 v. Chr.).[25] Nach der Zerstörung im Jahr 163 v. Chr. durch

---

22 Die Ausgrabungen anderer Archäologen auf dem Südwesthügel Jerusalems zeigen vergleichbare Daten.
23 Zwei weitere gehörten zur Eisenzeit II.
24 Die unterste Steinreihe weicht von der des spätantiken Turms um ca. 25 Grad ab.
25 I Makk 4,60.

2.1 Gab es eine eisenzeitliche Stadtmauer in Areal I?

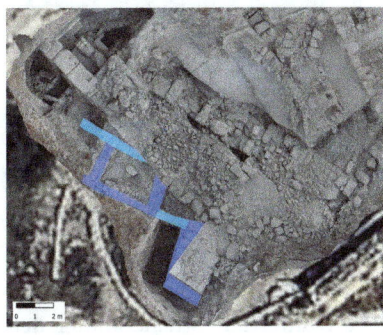

Abb. 14: Hasmonäische Kasemattenmauer mit Turm (blau); die hellblauen Mauerteile wurden von Bargil Pixner, die dunkelblauen vom DEI ausgegraben © BAI/DEI.

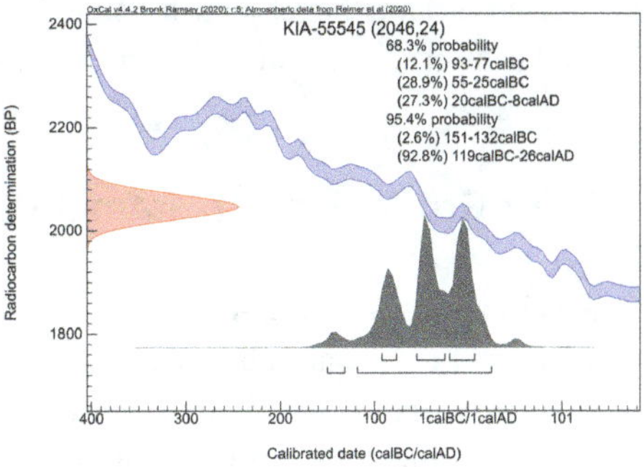

Abb. 15: 14C-Datierung der hasmonäischen Kasemattenmauer © BAI/DEI.

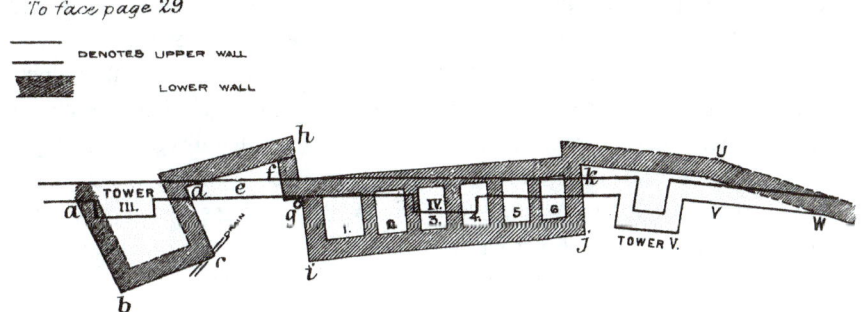

Abb. 16: Kasemattenmauer nach Frederick Bliss und Archibald Dickie © BAI/DEI.

Antiochus V.[26] ließ Judas' Nachfolger Jonathan (160–143 v. Chr.) die Stadt ebenfalls mit einer Quadersteinmauer befestigen.[27] Sein Werk sei durch Simon vollendet worden.[28] Im Jahr 141 v. Chr. wurde diese Stadtmauer weiter ausgebaut.[29]

Die hier beschriebene Stadtbefestigung wird auch von Flavius Josephus erwähnt, der sie als „Erste Mauer" bezeichnet[30] und fälschlicherweise bereits mit David und Salomo in Verbindung bringt. Seine wenig detailreiche Beschreibung

---

26 I Makk 6,62.
27 I Makk 10,10–11 und 12,36–37.
28 I Makk 13,10.
29 I Makk 14,37.
30 Ios. bell. V, 142–145.

des Mauerverlaufs bietet jedoch keine topographischen Anhaltspunkte, um deren Verlauf hinreichend genau zu rekonstruieren.

2.2 Zur Größe der alttestamentlichen Stadt im 8./7. Jh. v. Chr.

In Areal I auf dem Zionsberg ist keine alttestamentliche Mauer nachweisbar. Dies widerspricht der bisher allgemein angenommenen Idee von der Ausdehnung der eisenzeitlich ummauerten Stadt. Es wäre durchaus logisch nachvollziehbar und vor allem militärisch sinnvoll gewesen, wenn die alttestamentliche Mauer den Höhenlinien hoch über dem Hinnomtal gefolgt wäre. Die sog. „Maximalisten"[31] unter den Archäologen und Theologen sahen aus diesem Grund seit Jahrzehnten den gesamten Südwesthügel in das Stadtgebiet des 8./7. Jh. v. Chr. eingeschlossen (Abb. 17). Dabei beriefen sie sich auch auf den Bericht von Flavius Josephus und die Beschreibungen im Buch Nehemia. Ohnehin ist die hiskianische Stadtmauer in der „Davidstadt", im jüdischen Viertel, in der Davidszitadelle und in der „Kishle" – also im Osten, im Norden und im Nordwesten – nachgewiesen.

Eine davon abweichende Gruppe von sog. „Minimalisten"[32] meinte jedoch, dass sich das biblische Jerusalem nur über den östlichen Hügel (den Bereich der heutigen „Davidstadt"/*Silwān*) sowie den nördlichen Bereich des Südwesthügels ausgedehnt habe. Sie gerieten allerdings im Umfeld des Teichs Siloah in Erklärungsnot. Wie hätte dieses für die Wasserversorgung wichtige Gebiet außerhalb der ersten Stadtmauer geschützt werden können? War der Teich Siloah separat ummauert oder unterirdisch angelegt?

Die „Maximalisten", die angesichts der vermeintlichen Entdeckung der hiskianischen Stadtmauer durch Bargil Pixner argumentative Bestätigung erhielten, scheitern an belastbarem archäologischem Material aus der Eisenzeit II auf dem Südwesthang des Zionsbergs,[33] insbesondere nach den Untersuchungen des DEI in Areal I.

Unumstritten ist, dass die alttestamentliche Stadt des 8./7. Jh. v. Chr. unter König Hiskia ummauert war. Diese war größer als die heutige „Davidstadt"/*Silwān*, die bereits im 18. Jh. v. Chr. angelegt (Jebusiter) und im 10. Jh. v. Chr. laut biblischer Überlieferung von David erobert wurde. Die Stadt des 8. Jh. v. Chr., die König Sanherib belagerte,

---

31 Hillel Geva und Benjamin Mazar.
32 Michael Avi-Yonah, Kathleen M. Kenyon und Nahman Avigad. Der ursprüngliche Ansatz der „Minimalisten", dass das biblische Jerusalem *nur* auf den Bereich der „Davidstadt"/*Silwān* zu beschränken sei, ist spätestens durch die Ausgrabungen von Nahman Avigad im Jüdischen Viertel im Jahr 1969 und angesichts der dortigen Entdeckung der „breiten Mauer" widerlegt. Er wird nicht mehr vertreten.
33 Zur Diskussion siehe: Geva 2003, 501–552.

muss die vor den Assyrern geflüchteten Israeliten aus dem Nordreich mit eingeschlossen haben. Diese sog. „Neustadt" wird auch in II Kön 22,14 benannt. Die Bibel berichtet darüber hinaus in II Kön 20,20, dass Hiskia den Wassertunnel unter der „Davidstadt"/ *Silwān* gebaut habe und damit das Trinkwasser *in die (ummauerte) Stadt* gebracht habe. Auch die Belagerung Jerusalems durch den assyrischen Großkönig Sanherib wird in II Kön 18 und 19 erwähnt und zudem in assyrischen Quellen bestätigt:

> Hiskia von Juda jedoch, der sich nicht unter mein Joch gebeugt hatte – 46 mächtige ummauerte Städte sowie die zahllosen kleinen Städte ihrer Umgebung belagerte und eroberte ich durch das Anlegen von Belagerungsdämmen, Einsatz von Sturmwiddern, Infanteriekampf, Untergrabungen, Breschen und Sturmleitern. ... Ihn (scil. Hiskia) selbst schloss ich gleich einem Käfigvogel in Jerusalem, seiner Residenz, ein.[34]

Nach den Grabungen des DEI im Jahr 2020 muss man von der „Maximaltheorie" Abstand nehmen und eine flächenmäßig geringere Ausdehnung Jerusalems während der Eisenzeit konstatieren. Es ist möglich, dass der nördliche Teil des Hügels (das heutige armenische und das jüdische Viertel) oder nur sein östlicher Teil im ummauerten Stadtgebiet lag.[35] Zwei den Höhenlinien von Jerusalem folgende mögliche Mauerverläufe werden in der gelben bzw. gelb und hellgrünen Version in Abb. 17 grob als Möglichkeit dargestellt – jedoch ist die Frage nach deren exaktem Verlauf offen und muss künftigen archäologischen Untersuchungen überlassen werden.

---

34 Dritter Feldzug Sanheribs nach Borger 1984, 388–391.
35 Ein solcher Ansatz wird u. a. vertreten von Magen Broshi und Dan Bahat.

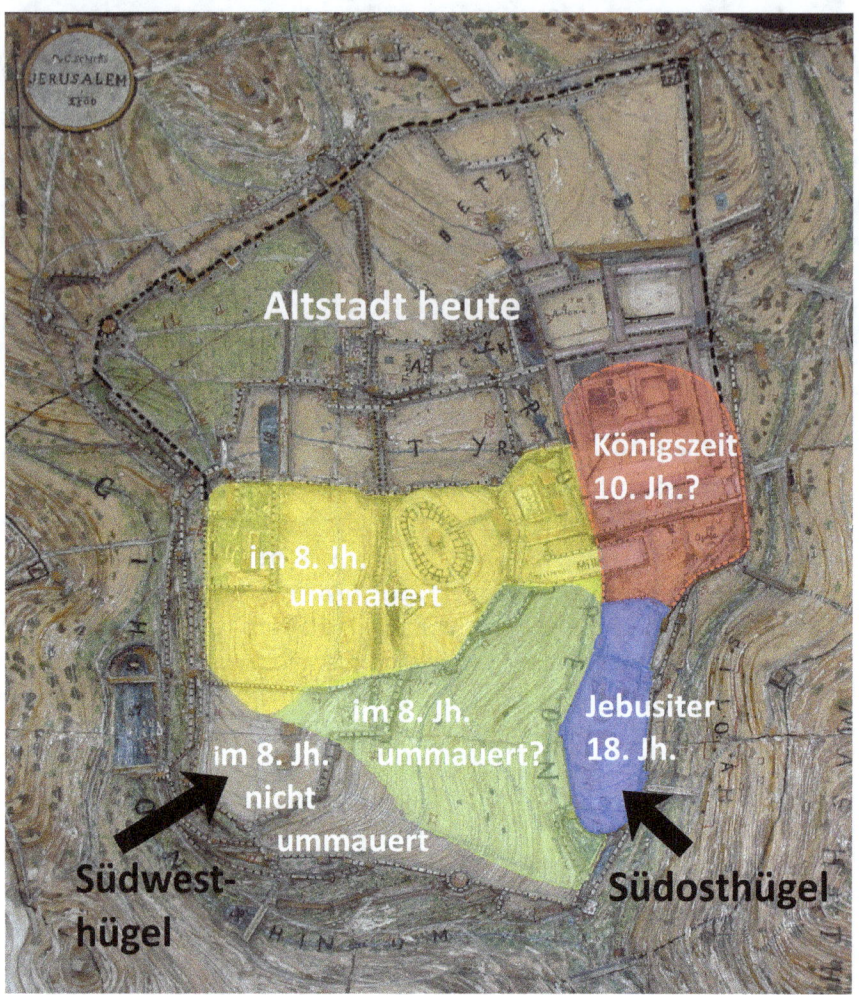

Abb. 17: An den topografischen Verhältnissen in Jerusalem ausgerichtete Lösungsmöglichkeiten zur Anlage der Südmauer; alle Angaben v. Chr. © BAI/DEI.

3 Der Zionsberg und seine Wohnquartiere

Auch wenn die Ausgrabungsareale des DEI heute außerhalb der Altstadt liegen, so befanden sich diese Areale doch in der Antike innerhalb des ummauerten Jerusalem – zumindest kann dies für die späthellenistische bis in die frühislamische Zeit so mit Sicherheit angenommen werden. Insbesondere Areal I spiegelt angesichts seiner Größe die städtebauliche Entwicklung dieses Gebietes in hervorragender Weise wider.[36]

3.1 Die alttestamentliche Epoche (Eisenzeit II, 8./7. Jh. v. Chr.; Stratum 7)

Die archäologischen Erkundungen im heutigen Jüdischen Viertel brachten auf dem nordwestlichen Hügel Wohnstrukturen aus der Eisenzeit ans Tageslicht.[37] Bei Ausgrabungen im südwestlichen Teil des Zionsberges wurden jedoch bisher keine Wohnhäuser aus dieser Epoche aufgefunden.[38] Eventuelle Überreste könnten durch jüngere Bauten zerstört oder überbaut worden sein, da insbesondere die römischen und spätantiken Bauwerke meist direkt auf dem Felsen gegründet wurden. Zumindest gab es auf dem südlichen Zionsberg während der Eisenzeit II intensive landwirtschaftlichen Aktivitäten – wie die aufgefundenen Scherben belegen.

3.2 Die späthellenistische und die römische Zeit (Mitte 3. Jh. v. bis 2. Jh. n. Chr.; Strata 6–4)

3.2.1 Die späthellenistische Zeit (Mitte 3. Jh. bis 63 v. Chr.; Stratum 6)

Wie im jüdischen Viertel wuchs die Besiedlung auf dem Zionsberg in der Mitte des 2. Jh. v. Chr. an.[39] Etwa vier Prozent aller Keramikfunde in Areal I stammen aus dieser Epoche.[40] Darüber hinaus deuten viele Münzfunde aus dieser Epoche auf die Herrschaft von Alexander Jannäus (um 126–76 v. Chr.) hin, was mit der Datierung der Stadtmauer (Stratum 6a) in Areal I übereinstimmt.

---

36 Die folgende Darstellung ist chronologisch geordnet.
37 Geva 2000, 143–148.
38 Schöpf 2021, 225.
39 Geva 2003, 526–527.
40 Schöpf 2021, 221.

Die architektonischen Funde in Areal I belegen eine Wohnbebauung, die um ca. 45 Grad gedreht zur späteren (römischen und spätantiken) Bebauung ausgerichtet war. Offenkundig wurde mit dem „Essenertor" in frührömischer Zeit auch das Wohnquartier auf diesen Stadteingang hin ausrichtet (Abb. 18).[41]

Abb. 18: Hellenistische Bebauung in Areal I; „Mauer 50" ist die späthellenistische und „Mauer 10885" die hasmonäische Stadtmauer (Strata 6b/6a) © BAI/DEI.

---

41 Unterhalb der spätantik-umayyadischen sowie der spätrömischen Wohnbebauung wurden in Areal IV.2 ebenso Reste späthellenistischer Architektur freigelegt.

Abb. 19: Fortführung der Kasemattenmauer nach Frederick Bliss und Archibald Dickie (blau) unterhalb der Gräber aus dem Ersten Weltkrieg © BAI/DEI.

3.2.2 Die frührömische Zeit (63 v. bis 70 n. Chr.; Stratum 5)

Die Bevölkerung des Berges Zion nahm während der frührömischen Zeit nochmals erheblich zu. Die Stadt als Ganzes erlebte eine Phase umfangreicher Bautätigkeit und kultureller Blüte. In den DEI-Arealen I und III wurden bedeutende architektonische Überreste der frührömischen Zeit entdeckt.[42]

Vom neu errichteten „Essenertor" (Abb. 9.1) führte eine mit großen Steinplatten gepflasterte Straße durch das Wohnviertel und bog dann vermutlich, den Höhenlinien folgend, östlich um den Zionsberg in Richtung des heutigen jüdischen Viertels ab. Parallel zu ihrem Verlauf lagen typisch römische Wohnhäuser (Abb. 20).[43]

---

[42] Vgl. zur Gegend um den Tempelberg Szanton et al. 2019, 159–163, und zum Westhang des Berges Zion Re'em 2022, 116.
[43] Vieweger et al. 2020, 285–289. In Areal III waren die Häuser reicher ausgestattet als im südlich davon gelegenen Areal I. Zu den reichen Funden aus den übrigen Arealen sei auf die Endpublikation verwiesen.

Abb. 20: Überblicksfoto von Areal I mit eingezeichneter frührömischer Straße (rot) © BAI/DEI.

Viele archäologische Überreste deuten auf eine jüdische Bevölkerung hin. Dazu gehören die für das Judentum dieser Zeit typischen Kalksteingefäße[44] und mehrere rituelle Tauchbecken (Miqwen) in Privathäusern (Abb. 22).[45] Für den öffentlichen Gebrauch diente die große Doppel-Miqwenanlage (Abb. 4).[46] Frührömische Keramik, Glasfunde und Münzen aus der ersten Hälfte des 1. Jh. n. Chr. runden dieses Bild ab. Außerdem wurden Münzen aus der Zeit des ersten jüdischen Aufstands (66–70 n. Chr.) aufgefunden.

---

44 Vieweger et al. 2020, 285–289.
45 In den Arealen I und III.
46 Thierry und Vieweger 2019, 32–41.

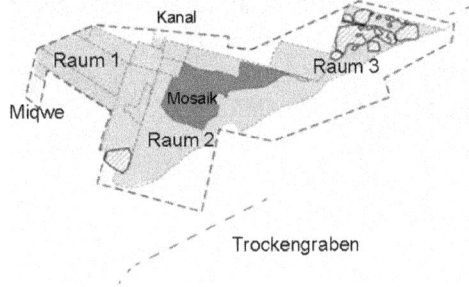

Abb. 21: Ausschnitt aus Areal III mit den Räumen 1–3 © BAI/DEI.

Abb. 22: Miqwe aus Raum 1 in Areal III © BAI/DEI.

3.2.3 Die spätrömische Zeit (70 bis 2. Jh. n. Chr.; Stratum 4)

Aus den Beschreibungen von Flavius Josephus ist bekannt, dass nach der Zerstörung der Stadt im Jahr 70 n. Chr. die *Legio X fretensis* in Jerusalem stationiert war (Ios. bell. VII 219–251). Der genaue Standort dieses Legionslagers ist jedoch umstritten, ebenso die Funktion des südwestlichen Hügels zu dieser Zeit. Im Areal I wurden keine architektonischen Überreste ausgegraben, die ausschließlich dieser Zeit zugeordnet werden könnten, mit Ausnahme der mittleren Schwelle des oben erwähnten Stadttores (Abb. 9.2).[47]

Christliche Quellen wie Eusebius von Caesarea und Kyrill von Jerusalem schufen rückblickend das Bild eines verlassenen Berges Zion. Dennoch deuten einige archäologische Belege auf Aktivitäten am Südhang des Berges Zion hin. Dazu

---

47 Pixner, Chen und Margalit 1989, 88.

gehört Keramik, darunter auch Dachziegel, aus der spätrömischen Zeit.[48] Darüber hinaus konnten auch Münzen der *Aelia Capitolina* geborgen werden.

Insbesondere ist das Fragment einer Ehrenstatue für eine Person im senatorischen Rang aus dem zweiten Jahrhundert n. Chr. zu erwähnen (Abb. 23).[49]

Abb. 23: Inschrift aus Areal III © BAI/DEI.

Der kurze, rekonstruierte Text lautet:
[--- TRIB]
MIL [LEG. ---]
IIIVI[RO A A A F F oder MONETALI] oder
IIIVI[RO CAPITALI]
L F[--]
[---?].

= *[--- tribuno] / mil(itum) [leg(ionis) ---] / IIIvi[ro monetali oder a(ere) a(rgento) a(uro) f(lando) f(eriundo)] oder IIIvi[ro monetali] / L(ucius) F[---/ ---?]*.

---

48 Schöpf 2021, 205–211
49 Eck, Vieweger und Zimni 2020, 273–278.

Das Fragment bezeugt zum ersten Mal für Jerusalem die reichsweite Praxis, Personen mit einer Statue zu ehren. In dieser Inschrift, die auf der Statuenbasis eingemeißelt war, wurde einst die gesamte Laufbahn des Geehrten aufgelistet.[50] Wo diese Statue und die Inschrift freilich zu sehen waren, ob im Lager der *Legio X fretensis* oder innerhalb der Kolonie, lässt sich dem Fundort nicht entnehmen. Die Inschrift wurde in einem wiederverwendeten Zustand aufgefunden. Dabei wurde nicht nur ihr Rahmen abgeschlagen, sondern auch die Platte in Stücke zerteilt.

Der Berg Zion war in der spätrömischen Zeit offenbar nur spärlich besiedelt. Ob sich hier eine zivile Siedlung oder ein *Canabae legionis*[51] befand, muss offen bleiben.

3.3 Die Blüte des Zionsberges in der Spätantike und in der umayyadischen Epoche (325–749 n. Chr.; Stratum 3)

In der Spätantike und durch die umayyadische Epoche erlebte der Berg Zion eine Blütezeit. Die christlichen Wallfahrten florierten, was die Pilgerberichte bezeugen. Unzählige Kirchen und Klöster wurden in und um Jerusalem errichtet. Dazu gehörte auch die Kirche *Hagia Sion* auf dem Plateau des Berges Zion (Kap. 4).[52]

3.3.1 Areal I

Die wachsende christliche Bedeutung Jerusalems machte sich auch im Wohnviertel von Areal I bemerkbar. Die vorgegebene römische Stadtanlage mitsamt der Lage des neuen Stadttores (Abb. 9.3) blieb während der Spätantike in Grundzügen erhalten; selbst die alten Entwässerungskanäle wurden weiterbenutzt. Die neuen Gebäude orientierten sich entlang der spätantiken Straße, die parallel, nördlich der ehemaligen römischen Wegeführung verlief. Leider wurden einige Häuser dieser Zeit durch den späteren Steinraub zum Betrieb des nahegelegenen abbasidischen Kalkofens (Abb. 25) sowie durch die mittelalterliche Terrassierung des Geländes zerstört.

Dennoch bieten einige Baukörper, insbesondere die Räume A und B (Abb. 25), wertvolle Einblicke in das Alltagsleben der spätantiken und frühislamischen Bewohner. Die Innenausstattung zeugt von einer gehobenen Ausstattung. Zu erwähnen sind Wandputz, viele Glasfragmente, darunter Fensterglas, ein kostbarer Kandelaber

---

50 Bisher in der südlichen Levante nur in der Provinzhauptstadt *Caesarea maritima* nachgewiesen. – CIIP II 1227. 1233. 1236. 1238. 1239. 1240. 1245. 1246. 1247. Vgl. auch die ritterlichen *Cursus* 1280. 1284. 1291. 1292.
51 Ziviles Dorf nahe römischen Legionslagern. Vgl. Eck 2019, 130.
52 Küchler 2007, 616–628.

aus Metall, eine Vogelfigur aus Kalkstein, eine Vielzahl feiner Keramikwaren und das Fragment einer Gussform für einen Anhänger in Kreuzform (Abb. 24).

Abb. 24: Fragment einer spätantiken Gussform aus Areal I © BAI/DEI.

Die Analyse der archäozoologischen Reste aus Raum B legt außerdem nahe, dass sich die Ernährungsgewohnheiten der Bewohner des Südhangs auf dem Berg Zion von der spätantiken bis zur frühislamischen Zeit nicht wesentlich veränderten. Bemerkenswert sind beispielsweise die zahlreichen Überreste von Schweineknochen, die aufgrund der Speisegesetze für Juden und Muslime darauf schließen lassen, dass die Bewohner des Viertels während der umayyadischen Epoche weiterhin Christen waren.[53]

Die Wohnbebauung in Areal I (Abb. 25) war terrassenförmig angelegt. Möglicherweise gehörten die Räume A und B (mit E, K und C?) sowie D, F und G, H und I zu je einem eigenen Hauskomplex. An mehreren Stellen ließen sich größere Mosaikfußboden-Bereiche freilegen. Sorgsam angelegte Kanäle sorgten für die Entwässerung.

Die Ausgrabungen deuten auf eine schwere Zerstörung am Ende der umayyadischen Zeit hin. In den Ruinen der einst überwölbten Räume A und B konnten unter anderem viele verbrannte Dachziegel, dazu Metallnägel und Holzkohlereste gefunden werden. 14C-Analysen und die geborgenen Keramikfunde belegen, dass der Bereich bis zur Mitte des 8. Jh. genutzt wurde. Folglich kann dieses zerstörerische Ereignis mit den verheerenden Erdbeben zwischen 747 und 749 n. Chr. in Verbindung gebracht werden.

---

[53] Namdar et al. 2023, 175–194.

Nachdem diese katastrophalen Ereignisse das Wohnviertel auf dem Berg Zion zerstört hatten, wurde es nicht wieder aufgebaut. Stattdessen wurde inmitten der bisherigen Räume ein Kalkofen (Abb. 25) errichtet, der seinen Charakter zu einem Industrieviertel veränderte.

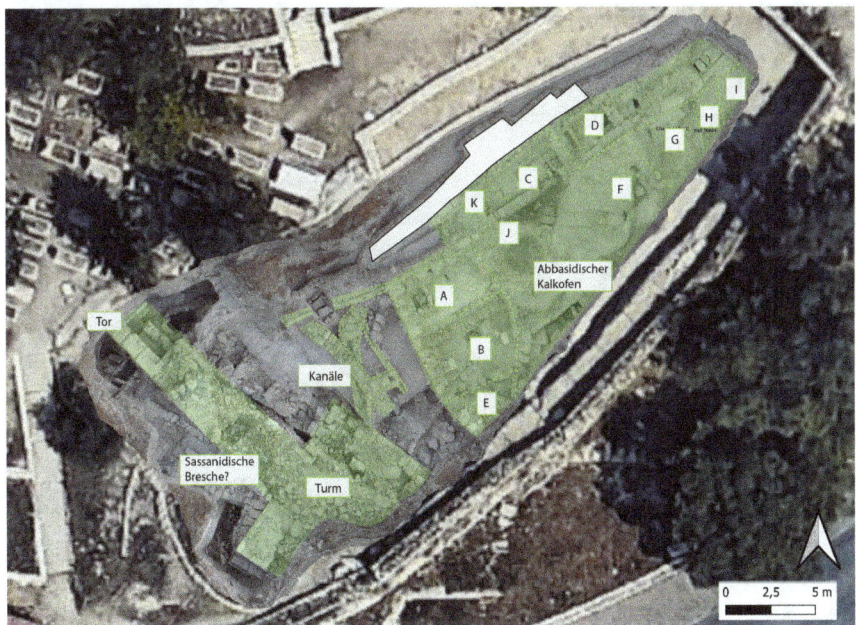

Abb. 25: Areal I, Spätantike und umayyadische Epoche; grau: ausgegrabene Bereiche der Straßenführung © BAI/DEI.

3.3.2 Areal II

In unmittelbarer Nähe zur spätantiken Kirche auf dem Zionsberg, der *Hagia Sion*, wurde 2018 ein Bereich im Zentrum des sog. „Griechischen Gartens" erkundet (Abb. 3 und 5). Bei den Ausgrabungen wurden die Fundamente einer ehedem beeindruckend weiträumigen Villa entdeckt, deren Grundmauern aus dem anstehenden Felsen herausgearbeitet worden waren. Die Fußböden des während der gesamten spätantiken und umayyadischen Zeit genutzten Gebäudes waren hochwertig ausgestattet (quadratische Kalksteinplatten, *Opus sectile* und Mosaike).[54] Darüber hinaus weist die Fülle an Keramik-Feinware und von Marmorfragmenten, die als Wand-

---

[54] Vieweger et al. 2020, 284–285.

und wohl auch als Bodenbelag verwendet wurden, auf ehemals wohlhabende Bewohner der Villa hin. Von dieser wurden drei Räume, die an einen Innenhof angrenzten, komplett ausgegraben. In einem der Räume befand sich ein großes Mosaik mit floralen und geometrischen Mustern (Abb. 26).[55]

Nahezu alle Teile des aufgehenden Mauerwerks wurden nach der Zerstörung des monumentalen Gebäudes (ca. 150 m^2) – vermutlich durch die Erdbeben zwischen 747 und 749 n. Chr. – in abbasidischer Zeit ausgeraubt (Abb. 27). Das Baumaterial konnte so für Bauvorhaben in den weiter nördlich gelegenen Wohngebieten wiederverwendet werden.

Abb. 26: Mosaik der spätantiken Villa in Areal II © BAI/DEI.

Ein bereits 2017 in deren Nähe durchgeführter Suchschnitt verdeutlicht die lange und bedeutende stratigrafische Sequenz des „Griechischen Gartens", die im

---

55 Vieweger et al. 2020, Abb. 15.

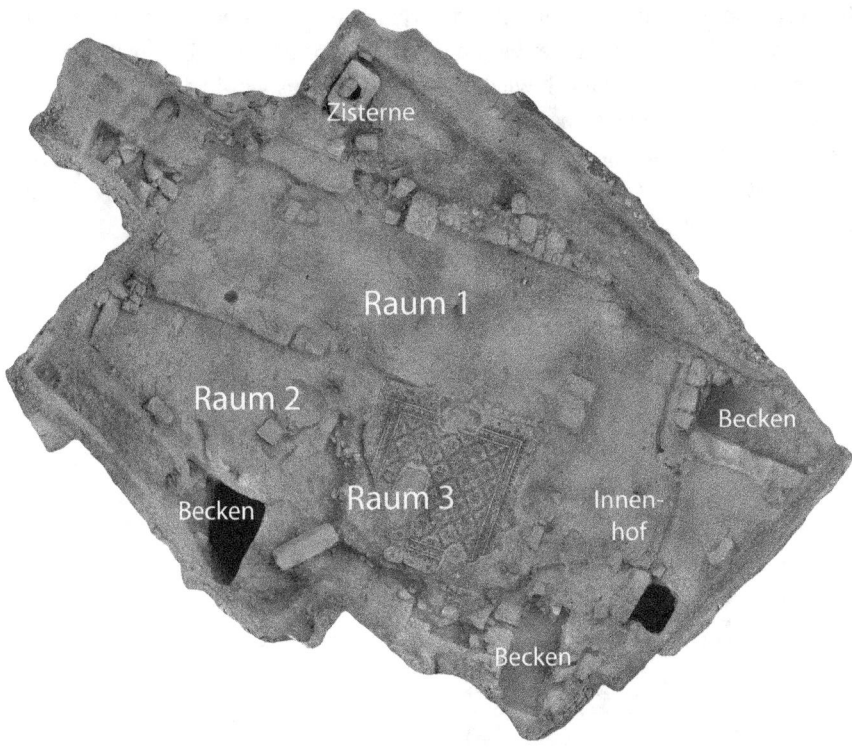

Abb. 27: Areal II, Orthofoto mit Räumen der Villa © BAI/DEI.

Bereich der Villa durch deren sorgsame und tiefe Gründung im Felsbereich nicht mehr nachweisbar war.[56]

3.3.3 Areal IV

In Areal wurden drei verschiedene Bereiche geöffnet. In Areal IV.3 konnte ein spätantikes Wohnhaus mit einem in den Felsen geschlagenen verputzten Raum

---

[56] In der Sondage konnten bis zu einer Tiefe von 3 m (zwischen einer Höhe von 761,98 m NN und 758,90 m NN) ein osmanischer Kanal, spätantike Wohnbebauung sowie hadrianische und frührömische Schichten erreicht werden. Der natürliche Untergrund (Fels oder unberührte Erde) wurde hier nicht gefunden. – Der verheißungsvolle Suchschnitt wurde aus Gründen der Rücksichtnahme auf religiöse Überzeugungen von „ultra-orthodoxen" Kreisen des Judentums nicht weitergeführt.

(Keller?), einem zentralen Hof mit Wasserkanal und Zisterne sowie weiteren angrenzenden Räumen erkundet werden. Das vermutlich beim Perserüberfall 614 n. Chr. zerstörte[57] und danach wieder aufgebaute Haus wurde durch die gesamte umayyadische Zeit weiter benutzt. Die liegende Säule auf Abb. 28 im Nordosten des Areals wurde demnach in umayyadischer Zeit nicht wieder aufgerichtet, sondern als Mauerteil weiterverwendet. Ein spätantikes Kapitel (Abb. 29) drehte man und nutzte es als Basis (eines nicht erhaltenen Aufbaus) weiter.

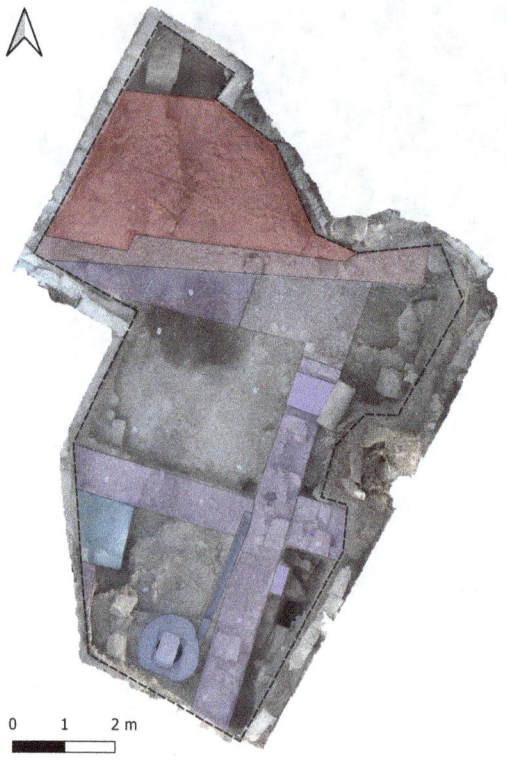

Abb. 28: Grabungsbereich IV.3, rot/rosa: kreuzfahrerzeitliche Befestigungsmauer; lila/blau: spätantikes Haus (später umayyadisch überbaut) © BAI/DEI.

Ein Hortfund nahe einer Innenmauer dieses Gebäudes brachte 15 spätantike Münzen ans Tageslicht (Abb. 30), die vermutlich vor der sassanidischen Eroberung mit all ihren Verwüstungen und Plünderungen in der Stadt vergraben worden waren.

---

57 Alternativ ist an die Rebellion Jerusalems gegen Kaiser Phokas (602–610 n. Chr.) zu denken. S. dazu unten Kap. 3.3.5.

3.3 Die Blüte des Zionsberges in der Spätantike — 29

Abb. 29: In umayyadischer Zeit wiederverwendetes und dabei auf den Kopf gestelltes spätantikes Kapitell aus dem Nordosten von Areal IV.3 © BAI/DEI.

Abb. 30: Hortfund im Südosten von Areal IV.3 © BAI/DEI.

Der Besitzer war nach den dramatischen Ereignissen am Anfang des 7. Jh. n. Chr. offenbar nicht mehr in der Lage, seine Ersparnisse wieder an sich zu nehmen.

> Die Münzen stammen aus dem 6. bis frühen 7. Jahrhundert n. Chr.[58] Alle sind Großbronzen, sogenannte *Folles*. Bis auf eine Prägung – die des Justin I. aus Kyzikos – wurden alle Münzen in Konstantinopel geschlagen. Sie tragen auf den Vorderseiten das Porträt des Herrschers oder des Herrscherpaares mit dazugehöriger Titulatur in Latein und auf den Rückseiten in der Regel ein *M* sowie die Angabe des Regierungsjahres und der Münzstätte. Das *M* steht als griechisches Zahlzeichen für 40 und gibt somit den Wert der Prägungen von 40 *Nummi* an. Zwischen der Prägung der frühesten und spätesten Münze liegen nahezu einhundert Jahre, was verdeutlicht, dass die Münzen über einen langen Zeitraum ihren Nominalwert behielten. Dieser

---

58 Angaben und Bestimmung nach Jessica Schellig, DEI:
Anastasios I. (491–518 n. Chr.): 1 Münze,
Justin I. (518–527 n. Chr.): 3 Münzen,
Justinian I. (527–565 n. Chr.): 5 Münzen,
Justin II. (565–578 n. Chr.): 3 Münzen,
Maurikios (582–602 n. Chr.): 2 Münzen und
Phokas (602–610 n. Chr.): 1 Münze.

Hort diente somit als Wertdepot einer Privatperson. Die jüngste Münze wurde 606/7 n. Chr. unter Phokas geschlagen, die als *Terminus post quem* der Niederlegung angesehen werden muss.[59]

An den Sassanideneinfall von 614 n. Chr. erinnert auch der Fund einer Silberdrachme aus einem frührömischen Abwasserkanal in Areal I, der zum Essenertor führte und bis in die umayyadische Zeit genutzt wurde.[60]

Abb. 31: Silberdrachme von Chosrau II. 621/22 n. Chr.; 3,69 g, 36 mm, 3 h (MZ 175238; IAA 17281) © DEI/BAI.

Chosrau II. Parvez (590–628 n. Chr.) war einer der letzten bedeutenden Großkönige des Sassanidenreiches. Dem Großkönig gelang es, weite Teile des östlichen Mittelmeerraumes, im Jahr 614 n. Chr. auch Jerusalem einzunehmen. Er brachte das Heilige Kreuz nach Ktesiphon. Für 15 Jahre beherrschte er Jerusalem. Aus dieser Zeit stammt die hier abgebildete Silberprägung.[61]

---

59 Bijovsky 2012, 336. 422–426, und Grierson 1993, 8–53.
60 Mehrere Kanäle führten von den spätantiken Bauwerken bis in den frührömischen Abflussgraben.
61 Göbl 1968, Typ II/3. Darstellung nach Jessica Schellig, DEI: Die Vorderseite zeigt das nach rechts gewandte Porträt des Großkönigs, gekennzeichnet durch seine individualisierte Krone. Diese schließt nach oben hin mit einem Stern im Halbmond sowie einem Flügelpaar ab. Die Flügel können als Referenz auf die zoroastrische Siegesgottheit Wahram gedeutet werden. Die zoroastrische Symbolik setzt sich auf der Rückseite fort, wo zwei Priester mit rituellen Rutenbündeln neben einem brennenden Feueraltar gezeigt werden. Bei dieser Prägung handelt es sich um eine Silberdrachme, dem Leitnominal der sassanidischen Münzprägung.
    Eine Auswertung von Hortfunden in und um Jerusalem ergab, dass nach 614 n. Chr. und somit im Zuge ausgedehnter militärischer Aktivitäten Chosraus II. gegen Ostrom ein erheblicher Anstieg in der Prägung von sassanidischen Drachmen festzustellen ist. Dies erklärt sich zum einen durch die erhöhten Steuereinnahmen, die nun von der Bevölkerung ehemaliger römischer Provinzen erhoben wurden, und zum anderen durch die gestiegenen Ausgaben zur Finanzierung der militärischen Kampagnen. – Die Regentschaft Chosraus II. (590–628 n. Chr.) wurde schlussendlich durch den starken militärischen Widerstand des oströmischen Kaisers Heraklius (610–641 n. Chr.) sowie Einfälle der Kök-Türken im Osten seines Reiches destabilisiert. Er wurde daraufhin 628 n. Chr. von der sassanidischen Aristokratie gestürzt. Jerusalem fiel im darauffolgenden Jahr wieder unter die Kontrolle Ostroms.

3.3.4 Areal V

In Areal V, im oberen Garten der *Dormitio*-Abtei, wurde eine an beiden Seiten von Häusern eingefasste spätantike Straße mit zwei Kanälen ausgegraben (Abb. 32). Der vom heutigen „Griechischen Garten" herkommende Cardo führte nach Norden direkt zum höchsten Punkt des Zionsberges und damit zur *Hagia Sion*. Die Grundrisszeichnungen in den Reisebeschreibungen des Bischofs Arkulf [62] legen einen Eingang im Süden der Kirche nahe. Am östlichen Rand der Straße fanden sich unter den Fußböden der spätantiken Häuser noch Reste der frührömischen Bebauung sowie darunter Reste eines Steinbruchs. Es gibt Anzeichen dafür, dass der spätantike Verkehrsweg einen Meter über einer älteren frührömischen Straße angelegt wurde.

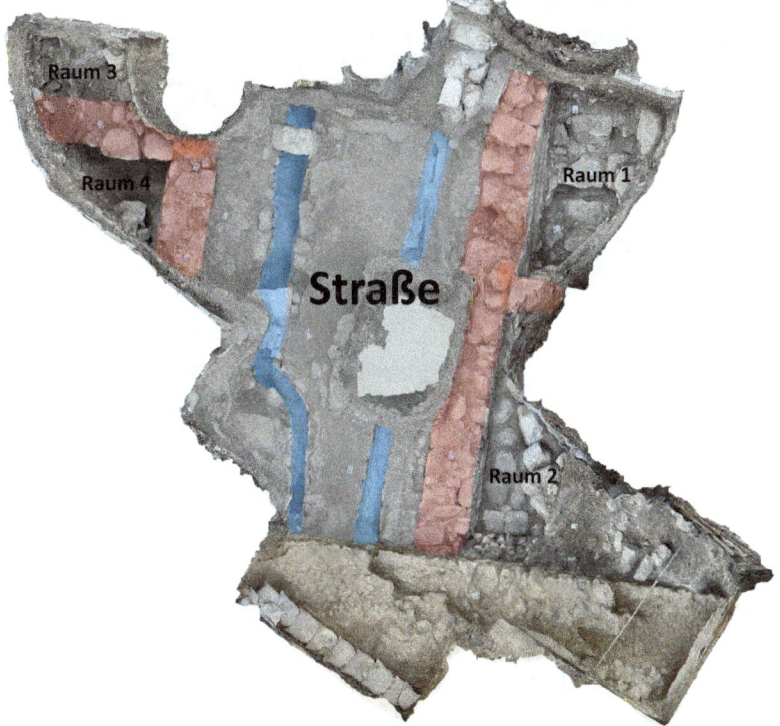

Abb. 32: Areal V, rot: spätantike Hausmauern; grau/blau: spätantike Straße mit Kanälen; braun: kreuzfahrerzeitliche Befestigungsmauer (Fortsetzung aus Areal IV) © BAI/DEI.

---

[62] Donner 1979, 358-359. Vgl. auch Kap. 4.1.

3.3.5 Areal VI

Nach einer umfassenden geophysikalischen Untersuchung im Jahr 2022[63] wurden zwei Bereiche nahe der griechisch-orthodoxen Priesterschule im „Griechischen Garten" geöffnet.

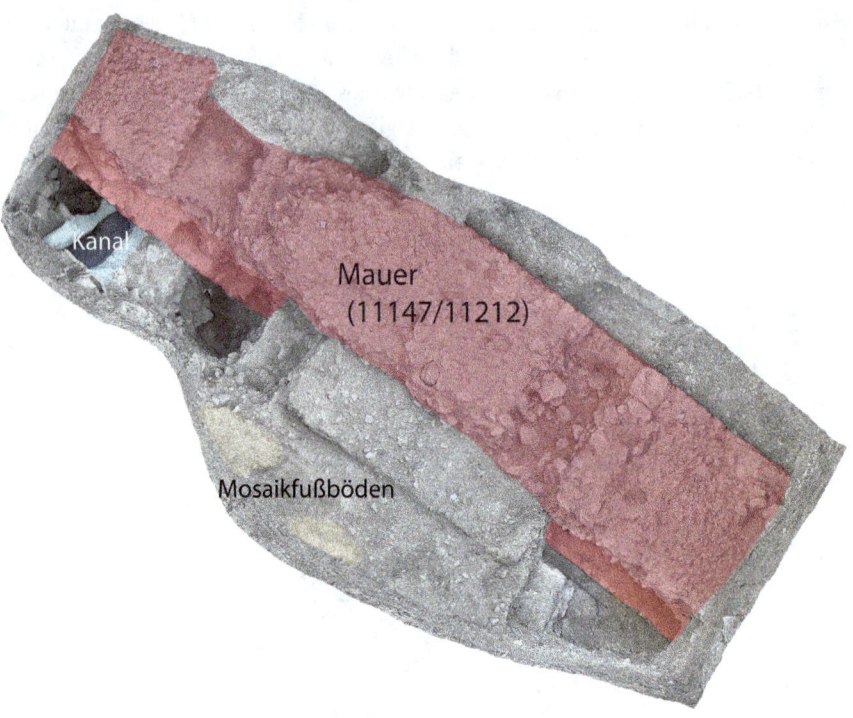

Abb. 33: Areal VI.1 am Ende der Ausgrabungen im Jahr 2023 © BAI/DEI.

Eine gewaltige Mauer (11147/11212) dominierte Areal VI.1 (Abb. 33). Diese gehörte möglicherweise zu einem Gebäude aus der Zeit des Kaisers Phokas (602–610 n. Chr.), das als lokales „Regierungsgebäude" diente. Dies entspricht den Berichten von Antiochos Strategos über den Zionsberg.[64] Die außergewöhnlich massive

---

63 Heinrich Krummel, Simon Möhrin, (geofact GmbH Bonn), Patrick Leiverkus (DEI/BAI), Carsten Mischka (Universität Nürnberg-Erlangen), Knut Rassmann, Roman Scholz (Deutsches Archäologisches Institut) und Kay Winkelmann (Kampfmittelräumdienst Berlin).
64 Jerusalem rebellierte nach Maurikios' Tod (602 n. Chr.) gegen den neuen Kaiser Phokas. Dessen Feldherr Bonosos konnte jedoch die Herrschaft Konstantinopels über Jerusalem wiederherstellen.

Mauer wurde nach der Zerstörung des Gebäudes während der sassanidischen Eroberung[65] (oder alternativ durch die Erdbeben zwischen 747 und 749 n. Chr.) stark modifiziert und als Begehungsebene (eines Gebäudes oder eines Hofes) wiederverwendet.

Südlich dieser Mauer fanden sich spätantike Mosaikböden (Abb. 33), die ursprünglich zu (Wohn-)Gebäuden (vergleichbar mit denen in Areal VI.2) gehörten. Diese mussten offenbar dem lokalen „Regierungsgebäude" zu Zeiten des Kaisers Phokas weichen.[66]

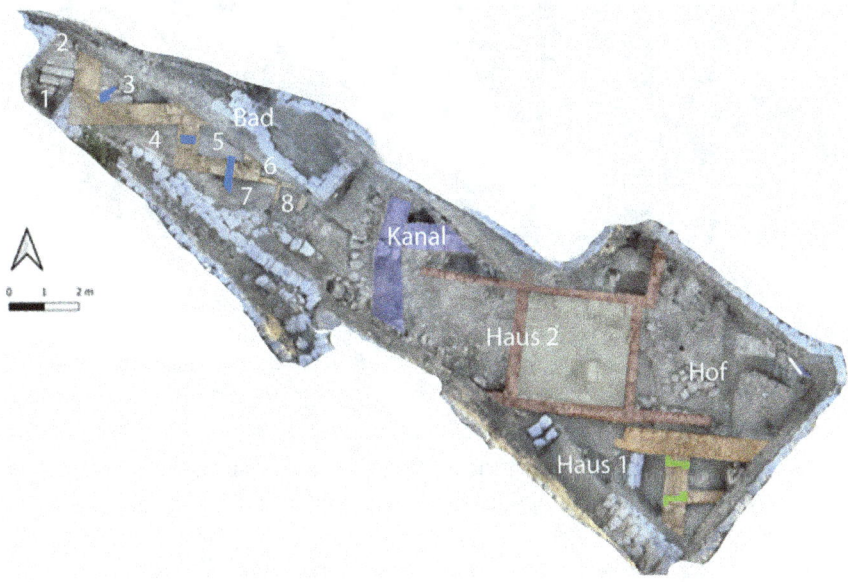

Abb. 34: Areal VI.2; im östlichen (rechten) Teil mit spätantiken Häusern (braun und beige) sowie mittig dem aus Areal VI.1 herkommenden Abwasserkanal (blau); auf der westlichen (linken) Seite ein Bad © BAI/DEI.

Antiochos Strategos (auch Strategius), ein Mönch aus Mar Saba, berichtete über die spätere sassanidische Eroberung Jerusalems (614 n. Chr.) und dabei auch vermutlich von diesem Gebäude, das den Truppen Bonosos' diente.

Der Autor verdankt diese These vom "Court of Gouverment" auf dem Berg Zion 608/9 n. Chr. Michael Dschernin, IAA, der dazu die georgische Version von Antiochus Strategos heranzieht: G. Garitte, La prise de Jérusalem par les Perses en 614, (CSCO 202) 6 [III.9–12]. Vgl. auch Antiochus Strategos, The Capture of Jerusalem by the Persians in 614 AD, F.C. Conybeare, English Historical Review 25, 1910, 502–517.

65 Nach den Münzfunden im Areal IV bis VI sind die Phokas-Münzen die jeweils jüngsten spätantiken Zahlungsmittel. Mehrere 14C-Datierungen stützen diese zeitliche Einordnung.
66 Mehrere 14C-Datierungen stützen diese Annahme.

Im Südwesten konnte ein gewaltiger spätantiker Abwasserkanal (Abb. 33 und 34) freigelegt werden, der sich auch durch das Areal VI.2. zog. Die reich ausgestatteten Wohnhäuser in diesem Areal (Abb. 34),[67] die Fortsetzung des schon erwähnten Kanals und Teile eines dort aufgefundenen Bades zeichnen dieses Wohngebiet als gehobenes Viertel aus.[68]

Abb. 35: Areal VI.2, Hypokaustum mit Wandunterputz im Fischgrätenstil © BAI/DEI.

Abb. 36: Areal VI.2, ein sekundär zugemauerter Durchgang eines spätantiken Hauses mit Mosaik-Fußboden (im Vordergrund) © BAI/DEI.

Während des Übergangs von der Spätantike zur umayyadischen Zeit blieb der Zionsberg im Wesentlichen unberührt, wobei auch die Zerstörungen des Persereinfalls repariert wurden. Umfangreiche Neu- und Umbauaktivitäten im Zusammenhang mit der Ankunft des Islam[69] sind nur im Bereich des Haram esch-Scharif zu konstatieren. Der Berg Zion war noch immer ein christlicher Stadtteil.[70]

---

67 U. a. sorgsam aufgetragener Wandverputz, ein hervorragend gearbeiteter Türrahmen, der 614 n. Chr. (?) zugesetzt wurde (Abb. 34 [grün] und Abb. 36), sowie erstklassige Mosaikfußböden.
68 Die sorgfältig gelegten Fußböden (Mosaike, *Opus sectile* mit Kalkbeton) und die Putzreste an den Wänden sprechen für eine besondere Qualität dieses Bauwerks. Die in den Felsen unter dem Laufhorizont (in den Räumen 3, 5 und 7) eingemeißelten Kanäle (Abb. 34) wurden durch präzis gefertigte Steinplatten verschlossen. Hypokausten (Abb. 35) und Tubuli wurden *in situ* aufgefunden. – Ob die aus Granit geschlagenen Stufen und die Räume 1–2 (Abb. 34) zum Bad gehörten, ist letztlich nicht sicher zu entscheiden.
69 Whitcomb 2011, 405–413; Ben-Ami und Tchekhanovets 2019, 275.
70 Schick 1995, 90–95.

4 Der Zionsberg im Umfeld der *Hagia Sion* von der Spätantike bis zum Mittelalter

Abb. 37: Spätantikes Ostrakon aus Areal VI.2: „Monat // wurde verkündet/ernannt" – nach J. Niehoff-Panagiotidis, FU Berlin © BAI/DEI.

4.1 Die *Hagia Sion* in der Spätantike (Stratum 3)

Die *Hagia Sion* auf der Höhe des Zionsberges war Anziehungspunkt zahlreicher Pilger (Abb. 38). Hier wurden in spätantiker Zeit verschiedene christliche Traditionen lokalisiert, wie z. B. das Pfingstgeschehen, das letzte Abendmahl Jesu, der Bischofsthron des Herrenbruders Jakobus, die Entschlafung Marias, zeitweise auch die Ehrung des Erzmärtyrers Stephanus. Trotz ihrer Zerstörung während der sassanidischen Eroberung im Jahr 614 n. Chr. wurde die Kirche unter Patriarch Modestus (614–634 n. Chr.) wieder aufgebaut. Weitere Traditionen knüpften sich in der Folge an diesen Ort.

Der Grundriss der Kirche kann bisher nur in groben Zügen rekonstruiert werden, da sich die archäologischen Erkenntnisse allein auf die frühen Ausgrabungen aus der Entstehungszeit der modernen Abtei (1898–1900) durch Baurat Theodor Sandel, Heinrich Renard und Mauritius Gisler sowie eine begrenzte Rettungsgrabung aus den 1980er Jahren durch Bargil Pixner und Emanuel Eisenberg stützen können.

Die Grabungen des DEI konnten 2023 einen Teil des prachtvollen Gebäudes freilegen. Im Bereich des griechisch-orthodoxen Friedhofes kam der zur spätantiken Kirche gehörende Narthex zutage, sofern die Kirche – wie üblich – vom Westen her betreten wurde (Abb. 39). Unter dessen Fußboden wurde ein in den Felsen

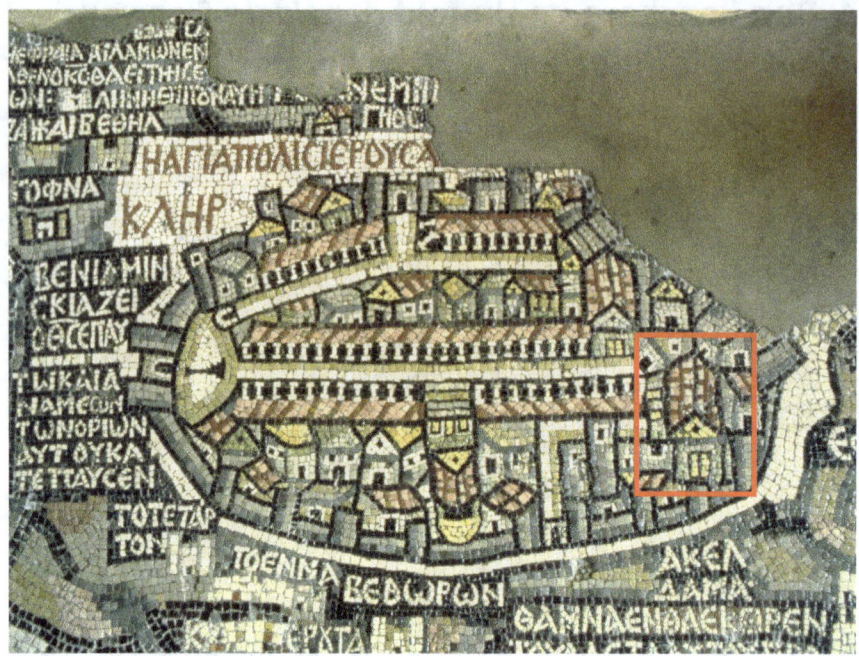

Abb. 38: Die Hagia Sion auf der Madaba-Karte (6. Jh. n. Chr.) © BAI/DEI.

geschlagener Frischwasserkanal entdeckt, der wahrscheinlich dazu diente, den Atriumshof mit Wasser zu versorgen. Der bereits durch die Erdbeben 747–749 n. Chr. außer Gebrauch gesetzte Kanal im Ausgrabungsbereich VIII.2 des DEI wird durch zwei dort *in situ* aufgefundene Münzen ins 6. Jh. n. Chr. datiert.[71] Die Grundrisszeichnungen der wieder aufgebauten Zionsbasilika des Patriarchen Modestus im *Codex Vindobonensis*[72] und im *Codex Parisinus*[73] (beide 9. Jh. n. Chr.) belegen im Westen der Kirche einen selbständigen bzw. angebauten Bereich zum Gedächtnis der Geißelung Jesu. Nach Bischof Eucherius (nach 444 n. Chr.) war die Kirche von Mönchszellen umgeben.[74]

---

[71] Die Münzen (Fundnummern 176468 und 176469) stammen aus dem 5./6. bzw. dem 6. Jh. n. Chr. (Jessica Schellig, DEI). Die 14C-Probe ergab ein noch älteres Datum. – Der Kanal war mit Steinplatten bedeckt (Größe 20 x 30 cm; Nord-Süd-Ausrichtung, teilweise von Mörtelschicht bedeckt). Er hatte eine Breite von 35 cm und konnte auf eine Länge von 2 m verfolgt werden. Beide Seiten sowie der Boden waren verputzt.
[72] *Codex Vindobonensis* 458.
[73] *Codex Parisinus* lat. 13048.
[74] Donner 1979, 177.

Anders als bisher vermutet (Abb. 39), spricht alles dafür, dass die spätantike Kirche eine vergleichbare Westausdehnung hatte wie der spätere kreuzfahrerzeitliche Sakralraum. Westlich von ihr war ein Steinbruch angelegt. Die über dem spätantiken Bereich aufgefundene Aufschüttung, vermutlich ein Hofbereich, stammt nach 14C-Nachweis aus der Kreuzfahrerepoche.

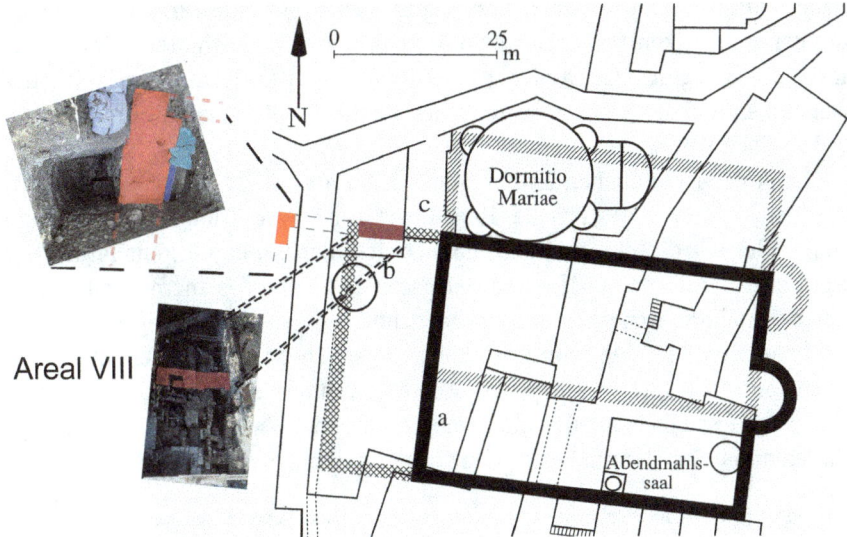

Abb. 39: Bild links oben: Areal VIII.2 Narthex (rot) und Kanal (blau) mit Decksteinen *in situ* (türkis) © BAI/DEI; Bild links unten: Grabung Bargil Pixner und Emmanuel Eisenberg © Bargil Pixner/John F. Strange; Bild rechts: schwarz und schraffiert = hypothetische Grundrisse der spätantiken Kirche; quadriert = kreuzfahrerzeitliche Kirche; beides nach Küchler 2007, 624 Abb. 343 © BAI/DEI mit freundlicher Erlaubnis von Max Küchler.

4.2 Die Epoche der Ayyubiden und Kreuzfahrer (ca. 11.–13. Jh. n. Chr.; Stratum 2)

4.2.1 Die mittelalterliche *Sancta Maria in Monte Sion* – die „Mutter aller Kirchen"

Ab dem Mittelalter lag der Zionsberg außerhalb der ummauerten Wohnstadt, dies tat aber der Berühmtheit seiner christlichen Traditionen keinen Abbruch. Die Kreuzfahrer fanden die Kirche in Ruinen vor, begannen jedoch sofort mit dem Gottesdienst und errichteten das Gebäude erneut.

In den Arealen IV.3 und V im Garten der *Dormitio*-Abtei stieß das DEI auf eine gewaltige Struktur, die beim ersten Anblick an den abgearbeiteten, natürlich anstehenden Felsen erinnerte (Abb. 28 und 31). Es handelte sich allerdings um eine massive, 3,20 m breite vermörtelte Mauer, die an der Außenseite zusätzlich auf einem vorspringenden Fundament gründete.[75] Die monumentale Bauweise dieser Mauer übertraf alle vom DEI in den letzten Jahren ausgegrabenen Stadtmauern auf dem Zionsfriedhof (Areal I) und stellte selbst die Verteidigungsfähigkeit der spätantiken Mauer aus dem 5. Jh. n. Chr. in den Schatten.[76] Ihre Höhe darf auf 6–8 m geschätzt werden. Sie verlief in etwa parallel zur Längsachse der spätantiken und der kreuzfahrerzeitlichen Kirche. Die Keramik des Umfelds deutet ins (Hoch-)Mittelalter.

Dank der freundlichen und kundigen Hilfe Amit Re'ems und Klaus Biebersteins sowie von Denys Pringle, Hans Eberhard Mayer, Thomas Wozniak und Wolf Zöller wurde sehr bald klar, dass es sich hier um eine Ummauerung der kreuzfahrerzeitlichen Marien- und Heiliggeistkirche und des angrenzenden Klosters (des Augustinerchorherrenstifts) handelte.

Über diese berichten mittelalterliche Pilger. Theodoricus[77], der sehr wahrscheinlich 1172 n. Chr.[78] in Jerusalem weilte, erwähnt in seinem Itinerar[79] den zu seinen Zeiten südlich vor den Stadtmauern liegenden Zionsberg und die dortige Marienkirche. Sie sei mit Mauern und Türmen geschützt gewesen:

> Sion ergo mons, ad meridiem extra muros civitatis ex maxima parte constitutus, ecclesiam dominae nostrae sanctae Mariae articulatam, muris, turribus, propugnaculis adversus gentilium insidias valde munitam continet, in qua regulares praepositum habentes Deo deserviunt.

Auch Johannes Phocas[80] berichtete nach seinem Besuch in Jerusalem im Jahr 1177 n. Chr. über eine starke Befestigungsanlage auf dem Zionsberg, in der sich die

---

75 Möglicherweise als Schutz vor Untergrabungen oder zur Sicherung des Baugrundes.
76 Die spätantike Verteidigungsmauer wurde an der Außen- und Innenseite mit sorgfältig gesetzten Quadern gemauert und innen mit Steinen verfüllt. – Die sechs 14C-Datierungen aus dieser von uns mechanisch aufgebrochenen Mauerfüllung differieren zwischen 590 n. Chr. und modern. Es kann sich hier beim frühen Material (spätantik und frühislamisch) um wiederverwendetes Material handeln, das in die neue Mauerfüllung aufgenommen wurde. Die modern datierten Proben scheinen verunreinigt worden zu sein.
77 Theodoricus, De Locis Sanctis, in: De Sandoli 1980, 348; vgl. Huygens 1994, 168.
78 Da Theodoricus (Kap. 15; Huygens 1994, 161) im *Templum Domini* eine Inschrift des Jahres 1171 n. Chr. sah (Pringle 2005, III: 406), ist das Datum 1172 n. Chr. für seine Reise den ebenso diskutierten Jahren 1169 und 1170 n. Chr. vorzuziehen.
79 Kap. 22.
80 Kap. 14.

große Kirche, die *Hagia Sion*, die „Mutter aller Kirchen", befunden habe.[81] Dies bestätigen auch die *Gesta regis Henrici Secundi Benedicti Abbatis* (1169–1192),[82] die das Augustinerkloster auf dem Zionsberg als *Castellum* bezeichnen.

Schließlich ist noch auf die Karte von Cambrai (Abb. 40) zu verweisen. Sie stammt aus der Mitte des 12. Jh. n. Chr. und bildet auch die beiden anderen ummauerten Klöster ab, die in den Gesta jeweils als *Castellum* benannt werden (eines auf dem Ölberg, das andere im Tal Joschafat [Kidron]). Alle drei Bauwerke

Abb. 40: Karte von Cambrai zum kreuzfahrerzeitlichen Jerusalem; siehe die befestigte Klosteranlage außerhalb der Stadtmauern unten links © Cambrai, Bibliothèque municipale Ms. 437, fol. 1r. 0466; aus Wikipedia Art. Jerusalemkarte von Cambrai, gemeinfrei.

---

81 Committee of the Palestine Exploration Fund 1889, 17; korrekte Datierung und deutsche Übersetzung bei Külzer 1994, 287–305. Nach ebd. 294, Anm. 21, formuliert Phokas: ἔστι καστέλλων.
82 Stubbs 1867, II: 24.

heben sich mit ihrem Piktogramm durch Mauern mit Zinnen im Vordergrund und mehreren Türmen von den freistehenden Kirchen ab.[83]

Dies alles deckt sich mit den Informationen des muslimischen Geographen Muhammad al-Idrisi, der bereits vor 1154 n. Chr. schrieb, die Kirche auf dem Berg Zion sei nicht nur prächtig, sondern auch befestigt gewesen.[84]

> Die Gründungsgeschichte des Sionstifts ist einer verfälschten, in ihrem Kern jedoch unverdächtigen Urkunde Papst Alexanders III. von 1179 n. Chr. zu entnehmen.[85] Kurz nach der Eroberung Jerusalems 1099 n. Chr. hatte Herzog Gottfried von Bouillon die Sionskirche als lateinisches Chorherrenstift neu errichten lassen. Er verlieh der Kanonikergemeinschaft den vollen Besitz des Berges außerhalb der Stadtmauern.[86] Bald flossen weitere Schenkungen ein, und bis 1179 n. Chr. hatte der in den Rang einer Abtei erhobene Regularkanoniker-/Augustinerchorherrenkonvent einen beträchtlichen Landbesitz im lateinischen Osten sowie weitere Besitztümer in Italien, Spanien und Frankreich angehäuft.[87] Im 12. Jh. n. Chr. wurde auch die Basilika umfassend erneuert. Diese Arbeiten werden sich mindestens bis ins Jahr 1141 n. Chr. hingezogen haben, als auf dem Berg Zion ein großes Kirchenkonzil stattfand.[88] Als Johannes von Würzburg (um 1165 n. Chr.) in Jerusalem weilte, war die Kirche auf dem Berg Zion bereits zu einer der beeindruckendsten in der Stadt geworden.[89]

> Über die Lage der Klausur lassen sich kaum fundierte Aussagen treffen. Ein Anschluss westlich an die Kirche wäre ungewöhnlich (obwohl hier am meisten Raum verfügbar war), da dieser Bereich aufgrund der Höhenzüge mit ummauert werden musste und von hier in der Regel der öffentliche Zugang zum Sakralraum erfolgte. Ob die Zuwegung von der Stadt die Anlage von Dormitorium, Refektorium etc. nördlich der Kirche ausschloss, kann ebenso nur vermutet werden. Für einen Annex im Süden spricht die Lage des späteren franziskanischen Kreuzgangs, bei dessen Errichtung man sich an der architektonischen Situation der Kreuzfahrerherrschaft orientiert haben könnte.

M. Broshi[90] fand bereits 1971/1972 eine 2,25 m breite Mauer im armenischen Friedhof, die er später ebenfalls als Umfassungsmauer der Klosteranlage im Norden (zwischen Stadt und Zionsberg) interpretierte (Abb. 41). Gemeinsam mit den vom DEI gefundenen Mauerzügen in den Arealen IV.3 und V (Abb. 28 und 32) ergibt sich ein stimmiges Bild von der kreuzfahrerzeitlichen Umwallung der *Hagia Sion* im 12. Jh. n. Chr. (Abb. 42).

---

83 Bibliothek zu Cambrai, Nr. 437, in: Röhricht 1891, 136–137. – Diese Karte stammt nicht aus dem Überlieferungskontext des Pilgerberichts des Theodoricus. De Sandoli 1980 gab sie aber seinem Druck des Itinerars von Theodoricus bei.
84 Cerullli et al. 1970–1984, IV: 362. Vgl. Re'em und Berkovich 2016, 61*.
85 Hiestand 1985, 280–287.
86 Hierzu und zum Folgendem: Re'em und Berkovich 2016, 56*–92*; bes. Zöller 2018, 162–198.
87 Zum abendländischen Besitz der Gemeinschaft Zöller 2018, 186–198.
88 Pringle 2005, III: 263–264.
89 Huygens 1994, 113–114.121.127.
90 Broshi 1976b, 87–88.

4.2 Die Epoche der Ayyubiden und Kreuzfahrer (ca. 11.–13. Jh. n. Chr.; Stratum 2) — 41

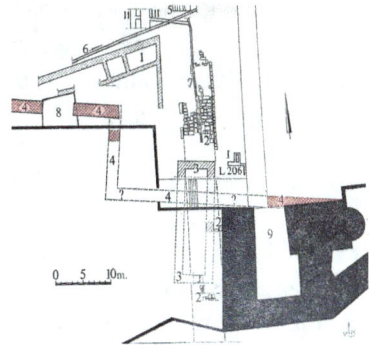

Abb. 41: M. Broshi, Excavations on Mount Zion, 1971–1972, IEJ 1976b, (81–88) 86 Abb. 3 – Umfassungsmauer rot nachgezeichnet © Mit freundlicher Genehmigung von Hillel Geva, IES).

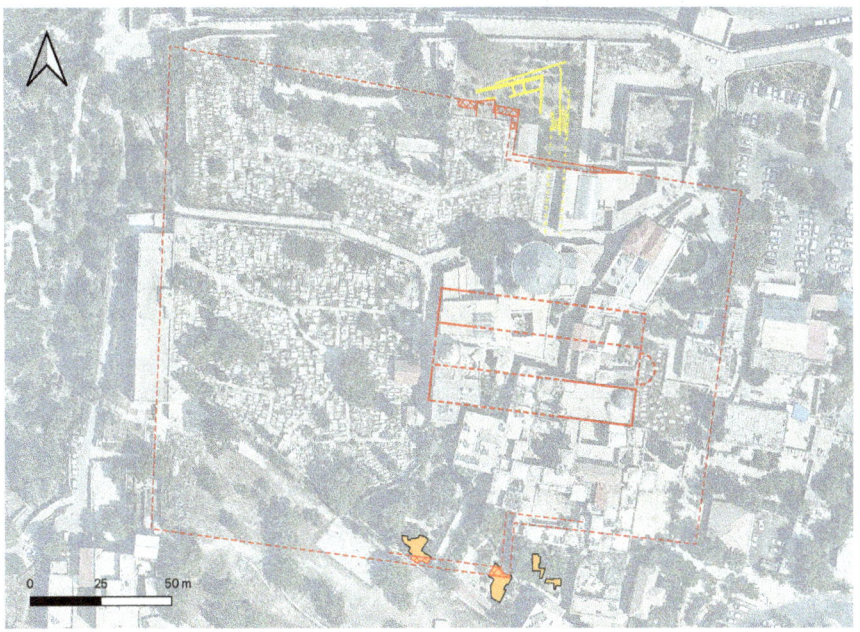

Abb. 42: Rekonstruktion der kreuzfahrerzeitlichen Kirche auf dem Berg Zion mit Umfassungsmauern © BAI/DEI.

In einem Bericht über Saladins Eroberung aus dem Jahr 1187 n. Chr. wird die Abtei auf dem Berg Zion als eine der letzten christlichen Befestigungen erwähnt, die von den Muslimen eingenommen wurden, bevor Jerusalem selbst belagert werden konnte.⁹¹ Ihre herausragende topografische Lage schützte die Kirche auch vor der Zerstörung durch Saladin. Stattdessen wurde sie in den neuen, weiter südlich ausgreifenden ayyubidischen Mauerring einbezogen, mit dem Saladin den Gipfel des Berges nun umschließen ließ (siehe hierzu Areal III, Abb. 21 und 43).⁹²

4.2.2 Der ayyubidische Trockengraben

Wilbrand von Oldenburg sah im Jahr 1212 n. Chr. den Südwesthügel in diesen Stadtmauerring einbezogen,⁹³ dessen Verlauf noch um 1310 n. Chr. von Marino Sanuto Torselli auf einem Stadtplan dargestellt⁹⁴ und von Frederick Bliss und Archibald Dickie an verschiedenen Stellen am Abhang oberhalb von St. Peter in Gallicantu nachgewiesen wurde.⁹⁵

> Die Lage der Stadt selbst, welche wir von da aus gut übersehen konnten, ist folgende: Die Stadt liegt zwar hoch, allein im Vergleich zu den Bergen, die sie umgeben, scheint sie im Thale zu liegen. Bei ihr dehnt sich an der einen Seite nach Osten zu der Oelberg, an der andern nach Süden der Berg Sion aus, welcher jetzt von den Mauern umschlossen ist.⁹⁶

Das DEI konnte 2019 den Trockengraben dieses Mauerrings wiederentdecken und kartieren. Ebenso wurde der zugehörige Turm – der 1902 schon von Frederick Bliss und Archibald Dickie ausgegraben worden war (Abb. 43 und 44) – chronologisch zugeordnet. Die Verteidigungsanlage hatte den offenkundigen Zweck, den nach Jerusalem vordringenden Kreuzfahrerheeren den Zugang zum Hochplateau des Berges Zion abzuschneiden. Von dort hätten diese ungehindert die Wohnstadt beschießen können.

Im Herbst 1218 n. Chr. wurde das ägyptische Damiette von den christlichen Truppen während des fünften Kreuzzuges belagert. Damit war auch die südliche Levante bedroht. Al-Muʿaẓẓam ʿĪsā, ein Neffe Saladins, zog nach Ägypten, um seinen Bruder Al-Malik al-Kāmil (Ägypten; 1218–1238 n. Chr.) zu unterstützen.

---

91 Stubbs 1867, II: 24.
92 Pringle 2005, III: 263–267, und Bahat 1987, 295–298. 82*. – Bieberstein und Bloedhorn 1994, I: 93: Nach der Vertreibung der Kreuzfahrer 1187 sorgte sich Al-Malik al-Muʿaẓẓam ʿĪsā, ein Neffe Saladins, der als Prinz die Statthalterschaft Jerusalems übernahm, vor allem um den Ausbau der Stadtmauern.
93 Wilbrand von Oldenburg II 9,9–10; vgl. Laurent 1864, 188.
94 Bahat 1987, 295–298. 82*.
95 Bieberstein und Bloedhorn 1994, I: 216–220; II: 79–80. 114–117. 242–244.
96 Wilbrand von Oldenburg II 9,9–10; vgl. Laurent 1859, 62.

4.2 Die Epoche der Ayyubiden und Kreuzfahrer (ca. 11.–13. Jh. n. Chr.; Stratum 2)

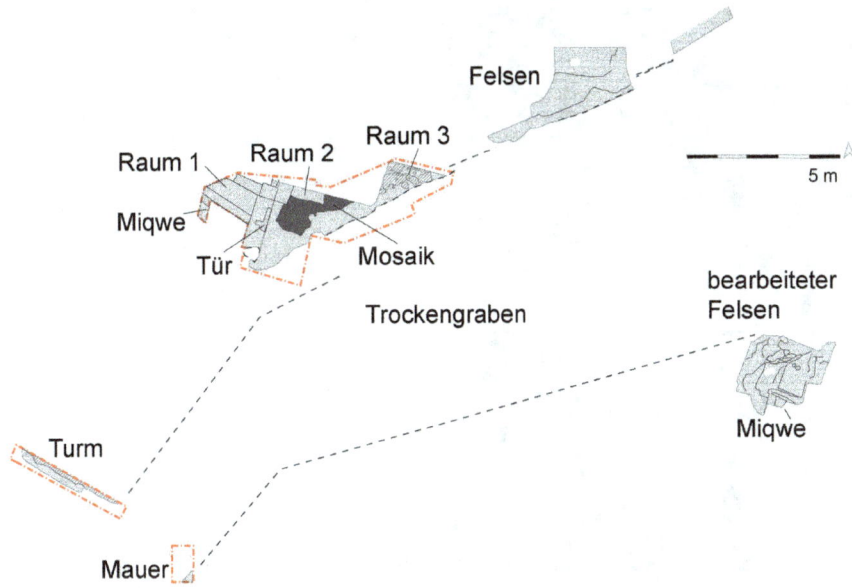

Abb. 43: Areal III, ayyubidischer Trockengraben mit angrenzenden Wohnbauten im Norden und Süden © BAI/DEI.

> Da Jerusalem ohne Garnisonen schutzlos zurückblieb und ohnehin zum Verhandlungsgegenstand geworden war, befahl Al-Muʿaẓẓam ʿĪsā, die Stadtmauern ebenso wie die Festungsanlagen in Safed, am Berg Tabor, in Kerak, Tibnin und an anderen Orten zu schleifen, damit sie leichter zurückzuerobern seien, und reiste im Frühjahr 1219 n. Chr. selbst nach Jerusalem, um den Abbruch gegen den Widerstand der Bevölkerung durchzusetzen, woraufhin Frauen, Kinder und Alte die Stadt verließen und nach Damaskus oder Kairo flohen.[97]

Vermutlich wurde mit den Mauern auch die Marienkirche auf dem Zionsberg im Jahr 1219 n. Chr. zerstört.

Obwohl die Ayyubiden 1221 n. Chr. einen Sieg bei Kairo errangen, bedrohte Kaiser Friedrich II. bald darauf das Ayyubidenreich. Daher erneuerte der Sultan sein bereits 1219 n. Chr. geäußertes Angebot, Jerusalem unter bestimmten Bedingungen zurückzugeben. Am 18. Februar 1229 n. Chr. fanden beide Seiten im Frieden von Jaffa einen Kompromiss, der es den Christen ermöglichte, Jerusalem, Bethlehem, Lydda und wahrscheinlich auch Nazareth zurückzuerhalten.

---

[97] Bieberstein, Mitteilung per Manuskript 2021.

4 Der Zionsberg im Umfeld der *Hagia Sion* von der Spätantike bis zum Mittelalter

Abb. 44: Areal III, ein vom DEI 2019 wiederentdeckter Turm der ayyubidischen Ummauerung © Bliss 1895, 20.

Um den Zionsberg waren die Mauern inzwischen gründlich geschliffen worden. Am Trockengraben standen nur noch die heute aufzufindenden vereinzelten Türme (Abb. 44).[98] Dieser Zustand wurde vom DEI aufgefunden. Dass die Kreuzfahrer, die Jerusalem von 1229 bis 1244 n. Chr. wieder im Besitz nahmen, umfassende Restaurierungsarbeiten am Zionsberg leisten konnten, war angesichts der schnellen Rückeroberung nicht zu erwarten. Es fehlen dafür alle archäologischen Anzeichen.

---

98 Die vermutete Fortsetzung des Trockengrabens um den Zionsberg im Bereich des Bet Yosef konnte nicht nachgewiesen werden (Ausgrabung von Areal IV.1). Die deutlichen Höhenunterschiede im heutigen Umfeld des Bet Yosef spiegeln nicht den ayyubidischen Trockengraben oder gar natürliche Gegebenheiten wider, sondern wurden erst durch Bauarbeiten im 20. Jh. n. Chr. geschaffen. Die ayyubidische Mauer ist weiter östlich vom Bet Yosef anzunehmen – wie dies bereits Frederick Bliss und Archibald Dickie gegen Ende des 19. Jh. vermuteten.

5 Die archäologischen Forschungen unter der Erlöserkirche und die Frage nach dem biblischen Golgotha

Am 31. Oktober des Jahres 1898 wurde in Jerusalem wieder einmal Geschichte geschrieben. Die Protestanten feierten das Reformationsfest, und aus Deutschland war eigens ein berühmter Pilger, Kaiser Wilhelm II., angereist, um in der Altstadt ein neues prächtiges Gotteshaus einzuweihen – die Erlöserkirche (Abb. 45). Ihr schlanker Turm überragt die ehrwürdige Grabeskirche, das alte Zentrum der Christenheit in Jerusalem. Die beiden Bauwerke liegen fast nebeneinander. Alle christlichen Konfessionen wollten so nahe wie möglich an dem mutmaßlichen Ort bauen, an dem Jesus einst gekreuzigt und begraben worden war und wo er nach biblischem Bericht am Ostermorgen auferstanden ist.

Über die Frage, wo genau dies geschehen war, hatten Christen aller Bekenntnisse allerdings bis zum Ende des 19. Jh. heftig gestritten. Während sich die orthodoxe und katholische Christenheit bis dahin gemäß den Traditionen ihrer Kirchen sicher waren, dass sich Golgotha, also der Hinrichtungsort Jesu, inmitten der Grabeskirche in der Altstadt befinde, bezweifelten das einige Protestanten – allen voran der berühmte amerikanische Theologe und Jerusalemforscher Edward Robinson. Nach zeitgenössischen römischen und jüdischen Gebräuchen, so meinte er, mussten sich der Kreuzigungsplatz und der Ort des Begräbnisses Jesu außerhalb der bewohnten Stadt befunden haben. Die Grabeskirche lag aber seit ihrer Errichtung stets innerhalb der Stadtmauern.

Um den Streit über den historischen Ort von Golgotha beizulegen, war es wichtig, den exakten Verlauf der Stadtmauer zur Zeit Jesu herauszufinden – das ist die Stadtmauer, die Herodes d. Gr. oder einer seiner hasmonäischen Vorgänger einst im Norden Jerusalems erbauen ließ. Der Brite Charles Warren hatte deshalb als Erster im Muristan-Viertel südlich der Grabeskirche gegraben, jedoch ohne die gesuchte Stadtmauer entdecken zu können. Der deutsche Architekt Conrad Schick untersuchte das Gebiet ab 1869. Er entdeckte einen von West nach Ost verlaufenden Trockengraben, der seiner Ansicht nach der gesuchten Stadtmauer vorgelagert war. Vermutlich hatte ihm aber eher ein Wunsch als ein handfester archäologischer Befund diese Interpretation eingegeben.

Bei den Ausschachtungsarbeiten für die neue Erlöserkirche geschah nun 1893 die Sensation. Die Bauarbeiter stießen längs des Kirchenschiffs auf eine massive Mauer (Abb. 46), die zeitgenössische Gelehrte inspizierten. Auch Conrad Schick und Louis-Hugues Vincent von der *École Biblique* hielten es daraufhin für wahrscheinlich, dass dies die gesuchte Mauer der Stadterweiterung Jerusalems sei.

Abb. 45: Kaiser Wilhelm II. vor der Tür der Erlöserkirche bei deren Einweihung 1898 © BAI/DEI.

Bald setzte sich deshalb die Überzeugung durch, mit der Mauer unter der Erlöserkirche die antike Stadtmauer Herodes d. Gr. gefunden zu haben, von der schon der jüdische Geschichtsschreiber Flavius Josephus berichtete.

> Herodes d. Gr. (37–4 v. Chr.) erneuerte den Jerusalemer Tempel. Möglicherweise gründete er – vielleicht auch einer seiner hasmonäischen Vorgänger – einen neuen Stadtteil westlich des Tempelareals.[99] Dieser wurde durch die sog. „Zweite Stadtmauer" gesichert, die Flavius Josephus[100] beschrieb (Abb. 47 und 48). Im Zuge des „Jüdischen Krieges" (66–70 n. Chr.) wurde diese Mauer 70 n. Chr. von Titus belagert und auf seinen Befehl hin geschleift.

Mit Hilfe einer neuen Wissenschaft, der Archäologie, war damit der Streit beigelegt. Die in der Grabeskirche repräsentierten Kirchen wie auch die nebenan bauenden Protestanten gingen daraus gemeinsam als Sieger hervor: Der Ort der Grabeskirche hatte also zu Lebzeiten Jesu tatsächlich außerhalb der Stadtmauer gelegen, und Golgotha sowie das Grab darin schienen richtig lokalisiert. Die neue Kirche wurde 1898 im frommen Glauben eingeweiht, ihr tief unter dem Altar platzierter Grundstein ruhe auf der alten Stadtmauer aus Jesu Zeiten.

---

99 Flavius Josephus' Mitteilungen bestätigen, dass diese Neustadt zu Herodes' Zeiten existierte.
100 Ios. bell. V 146.

5 Die archäologischen Forschungen unter der Erlöserkirche — 47

Abb. 46: Die lange als „Zweite Mauer", als „Stadtmauer Herodes d. Gr." angesehenen Mauerreste unter der Erlöserkirche
© Vieweger und Förder-Hoff 2012, 30.

Mit dem Fund der „Zweiten Mauer" erhielt die Erlöserkirche ihre ganz eigene Bedeutung – ihren „historischen Anteil" – an den Traditionen der Grabeskirche und damit an Golgotha und am Heiligen Grab. Und noch ein wichtiges Ereignis ist mit der Auffindung der „Zweiten Mauer" verbunden: Der Kaiser beschloss angesichts dieser wichtigen archäologischen Erkenntnis, der biblischen Archäologie ein Institut in Jerusalem zu gründen, das der Erkundung biblischer Geschichte und ihrer Interpretation gewidmet sein solle: das Deutsche Evangelische Institut für Altertumswissenschaft des Heiligen Landes. Es nahm 1903 seinen Dienst auf.

Abb. 47: Vor den geophysikalischen Untersuchungen des DEI (s. dazu Kap. 6) vermutete Stadterweiterung im 1. Jh. v. Chr. © Vieweger und Förder-Hoff 2012, 12/Archimetrix.

Abb. 48: Von Conrad Schick 1896 vermutete Stadterweiterung im 1. Jh. v. Chr. (gelb) © Vieweger und Förder-Hoff 2012, 22.

5.1 Mythos und Wirklichkeit – Kathleen Kenyon zerstört sicher geglaubte Theorien

Kathleen Kenyon erkundete südlich der Erlöserkirche zwischen 1961 und 1963 einen kleinen Bereich („Area C") im Hof der heutigen Martin-Luther-Schule (Abb. 49). Sie stellte dabei die bisherige Theorie auf den Kopf, oder besser: vom Kopf auf die Füße. Am tiefsten Punkt ihrer Sondage stieß sie auf einen Steinbruch, der angesichts des ihn bedeckenden Materials bis ins 7. Jh. v. Chr. benutzt worden sein konnte. Er wird also zum Bau der alttestamentlichen Stadt südlich (d. h. jenseits der modernen Davidstraße) gedient haben. Die gewaltige über dem eisenzeitlichen Material liegende, etwa 8 m dicke römische Füllschicht aus dem Bauschutt des 70 n. Chr. von Titus zerstörten Jerusalem mit wenigen beigemengten Keramikfunden aus dem zweiten nachchristlichen Jahrhundert stammte von Hadrian, der hier um 135 n. Chr. den ehemaligen Steinbruchbereich vor der Errichtung seiner Stadt *Aelia Capitolina* großflächig auffüllen ließ. Reste herodianischer Bebauung fanden sich hier nicht. Das möglicherweise von Herodes d. Gr. neu erschlossene Stadtgebiet Jerusalems hatte diesen Bereich demzufolge noch nicht umschlossen. Dessen Stadtmauer – nach Flavius Josephus die sog. „Zweite Mauer" – musste vielmehr östlich des Steinbruchs, also auch östlich der heutigen Martin-Luther-Schule und der Erlöserkirche gelegen haben.

5.1 Mythos und Wirklichkeit – Kathleen Kenyon zerstört sicher geglaubte Theorien | 49

Abb. 49: Der Tiefschnitt von Kathleen Kenyon im Hof der Martin-Luther-Schule © Vieweger und Förder-Hoff 2012, 24.

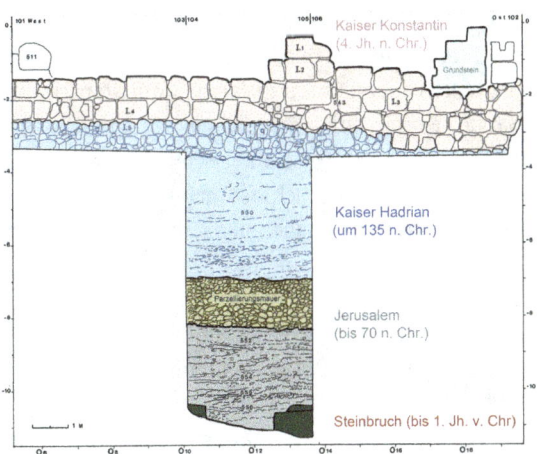

Abb. 50: Der Tiefschnitt unter der Erlöserkirche in Umzeichnung © BAI/DEI.

Abb. 51: Bearbeitetes Foto vom Tiefschnitt unter der Erlöserkirche © BAI/DEI.

5.2 Die Grabungen des DEI unter der Erlöserkirche (1970–1974 und 2009–2012)

Diese Erkenntnis wurde bestätigt, als die Erlöserkirche von 1970 bis 1974 im Auftrag der Evangelischen Kirche in Deutschland umfassend saniert wurde. Die erforderlichen Tiefbauarbeiten wurden vom DEI unter Leitung von Ute Wagner-Lux und Karel Vriezen archäologisch begleitet. Letzterer grub auch später den Bereich der heutigen Heizungsanlage der Kirche frei.

Den gesamten Bereich der archäologischen Schichten unter der Erlöserkirche erforschte von 2009 bis 2012 das DEI unter Leitung von Dieter Vieweger und verwandelte diesen in einen vielbeachteten archäologischen Park, der auch für die Pilger und Touristen der Stadt geöffnet wurde.

5.2.1 Der Steinbruch (1. Jh. v. Chr.; Stratum 6)

Der Tiefschnitt unter der Erlöserkirche führt auf einen ehemaligen Steinbruch, der bis ins erste Jahrhundert v. Chr. genutzt wurde. Sowohl ein Gartenareal aus dem jüdischen Jerusalem (1. Jh. n. Chr.; grau und gelb in Abb. 50–51) als auch gewaltige Schüttschichten aus der Zeit der Gründung von *Colonia Aelia Capitolina* (2. Jh. n. Chr.; blau in Abb. 50–51) wurden dort aufgefunden. Der heute als Golgotha gezeigte Fels ragte im Norden hoch über den Steinbruchbereich hinaus.

Die im frührömischen Steinbruch gebrochenen Quader entsprechen römischem Standard.[101] Von diesem Steinbruch hatten zuerst Charles Warren (Muristanschnitt), danach auch Conrad Schick (Alexander-Hospiz, später Muristangrabung), Louis-Hugues Vincent und schließlich Kathleen Kenyon (Martin Luther-Schule) berichtet. Die Ausgrabungen unter der Grabeskirche haben zusätzlich deutlich gemacht, dass es sich um ein gewaltiges Steinbruchgelände gehandelt haben muss, das von der Davidstraße im Süden bis unter die heutige Grabeskirche und das Alexander-Hospiz im Norden reichte.

Allerdings ist umstritten, in welcher Zeitspanne dieser Steinbruch in Betrieb war. Da man das Alter eines Steinbruchs nicht direkt aus dem abgearbeiteten Stein, sondern nur aus dem ihn bedeckenden Schutt bestimmen kann (als *Terminus ante quem*), gab es verschiedene Überlegungen: Weil der Steinbruch bereits stillgelegt sein musste, als das heute diesen bedeckende Füllmaterial abgelagert wurde, schloss Kathleen Kenyon aus ihrem Ausgrabungsbefund in „Area C"

---

[101] Die gebrochenen Quader waren zwischen 0,60 bis 0,90 m breit, 0,90 bis 1,10 m lang und 0,60 bis 0,70 m hoch.

folgerichtig, dass der Steinbruch dort nur bis zum 7. Jh. v. Chr. benutzt worden sein konnte. Schließlich bedeckten dicke, homogene Schichten der Eisenzeit den natürlichen Felsen ihres Ausgrabungsgeländes.

Unter der Erlöserkirche konnte der Steinbruch auch später, nämlich bis ins 1. Jh. v. Chr. benutzt worden sein, denn wesentlich jüngeres Material überzog dort den Felsen. Es liegt also nahe, dass der südliche Steinbruchbereich an der Davidstraße inklusive von Kathleen Kenyons „Area C" für den Aufbau der von Hiskia errichteten „Neustadt" Jerusalems im 8./7. Jh. benutzt wurde. Der Steinbruch wäre dann dort bereits vor der assyrischen Belagerung Jerusalems durch Sanherib vor 701 v. Chr. angelegt und ausgebeutet worden, während die Erweiterung des Steinbruchgeländes nach Norden Steine für die zumeist Herodes zugeschriebene Stadterweiterung in den letzten Jahren des ersten vorchristlichen Jahrhunderts geliefert hätte.

Die Interpretation der Ausgrabungen unter der Grabeskirche[102] lassen diese Sachlage allerdings etwas komplizierter erscheinen. Als man dort nach der Einigung über die Besitzverhältnisse zwischen Griechen, Armeniern, Kopten, Syrern, Äthiopiern und Lateinern in den 1970er und 80er Jahren endlich Restaurierungen an der Kirche selbst durchführen konnte, wurde mehrfach bei archäologischen Erkundungen der als Steinbruch ausgearbeitete natürliche Felsen erreicht. Doch differierte die Datierung beträchtlich.

Magen Broshi und Gabriel Barkay überraschten mit der Feststellung, dass bei ihren Ausgrabungen von 1970 bis 1976 in der armenischen St. Vartan-Kapelle (nahe der Helena-Kapelle) vergleichbar zu Kathleen Kenyons „Area C" eisenzeitliches Gut des 7. Jh. v. Chr. den dort sichtbaren Steinbruch bedeckte.[103] Allerdings gab es in diesen Befunden auch jünger zu datierende Funde, die sie fälschlicherweise als „eingedrungen" interpretierten. Virgilio Canio Corbo bestritt erfolgreich Magen Broshis und Gabriel Barkays Deutung. Er evaluierte ihr Ergebnis und definierte deren Befunde in einem Areal als römisch und in einem zweiten als durchmischt römisch–eisenzeitlich.[104] Charles Coûasnons[105] Ausgrabungen unter der Grabeskirche schließlich enthielten im Befund oberhalb des Steinbruchs eine Mischung von sowohl römischer als auch eisenzeitlicher Keramik. Ähnlich der Grabung unter der Erlöserkirche entdeckten Christos Katsimbinis und Lorenzo Dietz auf dem natürlichen Felsen eine 5,50 m dicke Deckschicht aus römischer Zeit.[106] Charles Coûasnon vertrat weiterhin

---

102 Vriezen 1994, 7–8.
103 Broshi und Barkay 1985, 110–119.
104 Corbo 1982, II: 112–113.
105 Coûasnon 1974, 163.
106 Katsimbinis 1977, 207.

die auch unter der Erlöserkirche zu bestätigende These, dass in der Zeit Jesu bereits Einschwemmungen/Verfüllungen des Steinbruchs stattgefunden hätten.[107]

Möglicherweise könnte die Verwendung des Steinbruchgeländes so ausgesehen haben: Der Steinbruch wurde zunächst im Süden nahe der Davidstraße angelegt, um die dringend benötigten Steine für die Stadterweiterung zur Zeit des Königs Hiskia im 8. Jh. v. Chr. zu liefern. Außerdem wurde so die gefährdete Nordflanke der Stadt durch einen tiefen Trockengraben zusätzlich gesichert. Vermutlich wurde nach der Einnahme Jerusalems im Jahr 587 v. Chr. durch Nebukadnezar II. Schutt der zerstörten Stadt auch im ehemaligen Steinbruch abgelagert.

Der Steinbruchbereich wurde Jahrhunderte später nach Norden hin erweitert und erneut ausgebeutet, um Steine für den Bau der zumeist Herodes d. Gr. zugeschriebenen Stadterweiterung zu gewinnen. Im ersten Jahrhundert n. Chr. entstanden im späteren Muristan parzellierte Gartenbereiche. Diese und der übrige Steinbruchbereich wurden Anfang des 2. Jh. n. Chr. durch reichlich Füllmaterial aus dem 70. n. Chr. durch Titus zerstörten Jerusalem überdeckt. Der Bau von *Aelia Capitolina* verlangte schließlich einen annähernd einheitlichen Baugrund für die Stadtneugründung. Das Füllmaterial stammte aus dem Osten und Süden – d. h. von den oberen (hellenistischen und römischen) und den direkt darunter liegenden (eisenzeitlichen) Schichten Jerusalems. Es wurde abgetragen und beim Ausschütten durchmischt.[108]

Dem entspricht, was Nahman Avigad und Magen Broshi in den 1970er Jahren feststellten, als sie in jenen Bereichen des jüdischen Viertels gruben, aus dem auch Füllmaterial stammen könnte: Auf dem natürlichen Felsen dort lag nicht durchgehend eisenzeitliches, sondern in einigen Fällen hellenistisches oder römisches oder gar spätantikes Material, was zwingend erfordert, dass die älteren Schichten von dort abtransportiert worden sein mussten.[109]

Der heute als Golgotha gezeigte Fels ragte im Norden deutlich und gut sichtbar über den ehemaligen Steinbruchgelände hinaus. Er war bei den Steinbrucharbeiten stehen gelassen worden, weil er zur Verarbeitung unbrauchbar erschien. Im Bereich der heutigen Grabeskirche überragte er das umliegende Gelände um etwa 22 m.[110]

---

[107] Coûasnon 1974, 39–40.
[108] Corbo, 1982, II: 65; Coûasnon 1974, 163, und Vriezen 1994, 8.
[109] So Vriezen 1994, 294–295.
[110] Kretschmar 1987, 48, mit Bezug auf Bagatti 1978, 35.

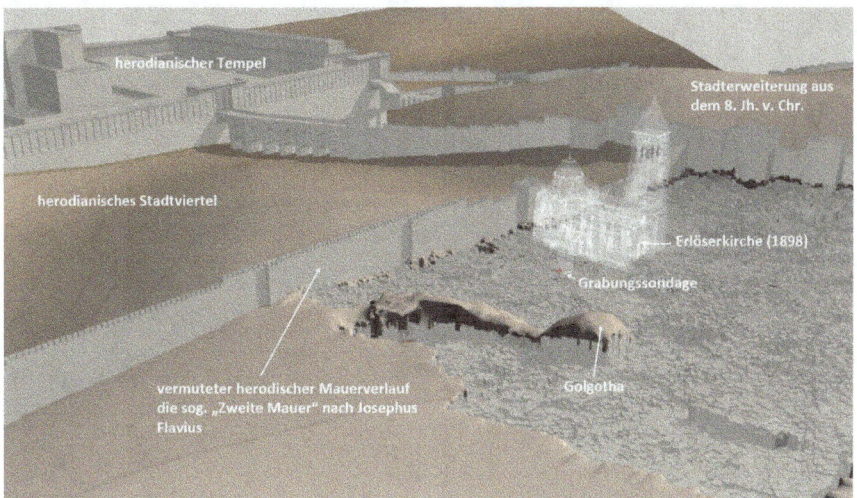

Abb. 52: Der Steinbruch unter der Erlöserkirche und der im Steinbruch stehen gebliebene Felsenrest Golgotha außerhalb der Stadtmauern zur Zeit Herodes d. Gr. © BAI/DEI, Archimetrix.

5.2.2 Die Schwemmschichten (nach 4 v. Chr. bis 70 n. Chr.; Stratum 5)

Als der Steinbruch nach der Regierungszeit Herodes d. Gr. nicht mehr benötigt wurde, schwemmte mit der Zeit Erde die Gräben und Löcher zu. Die etwa 2 m dicke Erdschicht oberhalb des Felsbodens ist nicht einheitlich. Mehrere (mindestens drei) waagerechte Schichten wurden hier nach heftigen Winterregen übereinander abgelagert (Abb. 53); vermutlich mit größeren zeitlichen Zwischenräumen. Angesichts der jeweils im oberen Bereich aufgelockerten Schichten wird das Gelände als Gartenbereich gedeutet. Der Boden wurde hier 10 bis 15 cm tief gepflügt.

Das DEI stieß – verbunden mit der oberen Schwemmschicht – auch auf eine Trockenmauer. Sie diente wahrscheinlich zur Parzellierung eines Grundstückes. Es ist zu vermuten, dass hier mehrere Gartenbereiche nebeneinander lagen. Dies passt zur Benennung des nahegelegenen Stadttores im Norden der älteren, der „Ersten Mauer" durch Flavius Josephus als „Gärten-Tor" – aram. „Gennath-Tor" (Ios. bell V 146). Vieles spricht dafür, dass dieses Tor bei den Ausgrabungen Nahman Avigads südlich der Davidstraße im jüdischen Viertel lokalisiert werden konnte.

Das heutige Gelände der Grabes- und der Erlöserkirche lag folglich zur Zeit Jesu (Kreuzigung zwischen 30 und 34 n. Chr.) noch außerhalb der Stadt.

Abb. 53: Golgotha und die Gärten vor der Stadt unter der heutigen Erlöserkirche © BAI/DEI, Archimetrix.

> Der Leidensweg von Jesus – die Via dolorosa – führte folglich auch nicht über die heute gezeigte Strecke. Jesus wurde höchstwahrscheinlich im ehemaligen Herodes-Palast – in dem auch Pontius Pilatus an hohen jüdischen Feiertagen residierte – verurteilt. Danach wurde er durch das Gartentor bis zum Golgothahügel geführt.

Der sich unregelmäßig unter dem Bereich der heutigen Grabeskirche abzeichnende ehemalige Steinbruch diente offenbar an seinen Felsabbrüchen um die Zeitenwende als Bestattungsort; hier wurden mehrere Grotten und Gräber aufgefunden.

Jerusalem erhielt 41–44 n. Chr. noch eine weitere, eine dritte Nordmauer, etwa dort, wo auch heute die nördliche Stadtmauer steht. Mit der Einbeziehung des Gebietes in den Stadtbereich durch Herodes Agrippa I. fanden aber die Grablegungen hier notwendigerweise ein Ende. Das verlangten die Sitten sowohl der römischen Welt als auch die jüdischen Reinheitsgebote. Die landwirtschaftlichen Aktivitäten im Gartenbereich können sich fortgesetzt haben.

Diese bis zur „Dritten Mauer" erweiterte Stadt war es, die der Römer Titus – nach antirömischen Aufständen – im Jahr 70 n. Chr. belagerte, schließlich eroberte und später weitgehend zerstörte. Danach lag Jerusalem 60 Jahre lang in Schutt und Asche.

5.2.3 Die Einbeziehung des Muristan in das Stadtgebiet unter Kaiser Hadrian (132–135 n. Chr.; Stratum 4)

Oberhalb des ehemaligen Gartengeländes wurde – wie auch im Bereich der Grabung Kathleen Kenyons – um 135 n. Chr. auf Geheiß des Kaisers Hadrian eine 5,50 m dicke Schuttschicht aufgefüllt. Kaiser Hadrian ließ seine Stadt *Aelia Capitolina* bis zur Nordausdehnung von Herodes Agrippa I., der den heutigen nördlichen Altstadtbereich bereits in den vierziger Jahren des 1. Jh. ummauern ließ, architektonisch entwickeln. Es blieb ihm daher nichts anderes übrig, als das störende, ehemalige Steinbruch-Areal samt des sich von Ost nach West erstreckenden, etwa 100 m breiten Kreuztals weitflächig aufzuschütten. Das Füllmaterial ließ Hadrian aus der 70 n. Chr. durch Titus zerstörten Stadt holen. Vermutlich ließ er es von Süden herbeischaffen, denn das Gefälle der Schichten unter der Erlöserkirche deutet auf eine Schüttung nach Norden hin (Abb. 54).

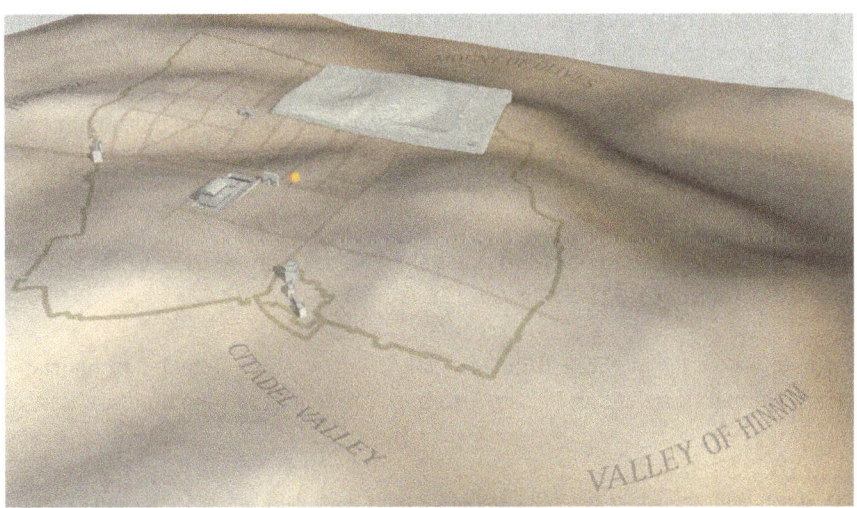

Abb. 54: Rekonstruktion der Stadt Hadrians © BAI/DEI, Archimetrix.

Häufig wird darauf hingewiesen, dass Hadrian den jüdischen Glauben durch seine Entweihung des Tempelberges in Vergessenheit bringen wollte, und folglich auch den „anderen Juden", den christlichen „Sektierern", Gleiches antun musste, indem er das von ihnen schon früh verehrte Grab durch seinen Tempelbau überdeckte. Hadrian hatte schließlich auch in Bethlehem die Adonisgrotte und in

Mamre ein Heiligtum geweiht. Die Argumentation, dass Hadrian auch das Heilige Grab usurpieren wollte, wird von Eusebius von Caesarea gestützt.[111]

So entstand nach den Angaben des Bischofs Eusebius von Caesarea auf der christlichen Verehrungsstätte Golgotha ein Tempel der Venus/Aphrodite.[112] Möglicherweise setzte Eusebius Aphrodite aber mit Minerva gleich. Oder mit der vielfach auf Münzen von *Aelia* dargestellten Tyche? Denn nach einem Münzfund könnte hier auch eine Göttertrias verehrt worden sein.[113] Oder gab es tatsächlich einen der Göttin Aphrodite geweihten Bereich im Heiligtum, vielleicht an einer Stelle des Golgotha-Felsens? Letztlich bleibt das alles aber reine Spekulation. Die massiven Fundamente des hadrianischen Heiligtums – wie sie bei Ausgrabungen rudimentär zum Vorschein kamen – bestätigen dessen Pracht und Größe, lassen aber nichts über seinen Aufbau oder gar seine Verwendung erkennen. Ebenso unsicher bleibt, ob sich die Münze Hadrians auf diesen Tempel bezieht.

Auf dem ehemaligen jüdischen Tempelberg plante Hadrian, ein dem Jupiter Capitolinus geweihtes Heiligtum zu errichten. Doch berichtet der Zeitzeuge Origenes nur von Statuen auf dem ehemaligen jüdischen Tempelberg, unter anderem einer Kaiserstatue. Bischof Eusebius von Caesarea beschreibt den Steinraub im ehemals heiligen Bereich der Juden.

Im Gelände unterhalb der Erlöserkirche wurden Fundamente uns nicht näher bekannter (Wohn-)Gebäude der Zeit Hadrians aufgefunden.

5.2.4 Die Umgestaltung des Muristan beim Bau der Grabeskirche unter Kaiser Konstantin (ca. 325–335 n. Chr.; Stratum 3)

Nach dem Konzil von Nicäa 325 n. Chr. gab Konstantin den Befehl, den hadrianischen Tempel abreißen zu lassen. Eusebius von Caesarea berichtet von dessen

---

111 „Diese heilbringende Höhle (scil. das Heilige Grab) hatten also einige Gottlose und Verworfene bei den Menschen gänzlich in Vergessenheit bringen wollen, von dem Wahne geleitet, dadurch wohl die Wahrheit verbergen zu können. Und wirklich verwandten sie viel Mühe darauf, von außen Erde hinein zu schaffen und den ganzen Platz zu bedecken; sie führten dann einen Hügel darüber auf und legten Steine darauf, und suchten so unter diesem vielen Schutt die göttliche Höhle zu verbergen. Sodann errichteten sie ... über der Erde ... dem ausschweifenden Dämon der Aphrodite einen dunklen Schlupfwinkel" (Eus. vit. const. III 26).
112 Eus. vit. const. III 25 ff.
113 Vielleicht war das Heiligtum der capitolinischen Göttertrias Jupiter, Juno und Minerva gewidmet. Dies könnte ein Münzfund nahelegen, der den Kaiser Hadrian auf der Vorderseite und eine klassische Tempelfront mit der Göttertrias auf der Rückseite darstellt. Da auf der Münze die *Colonia Aelia Capitolina* verzeichnet wird, scheint es möglich, dass auf dieser tatsächlich der hadrianische Tempel inmitten der Stadt dargestellt wird.

Zerstörung, von der Auffindung des Grabes und der Errichtung der riesigen Basilika (Eus. vit. const. III 33–39). Der Pilger von Bordeaux sah 333 n. Chr. – also noch vor der Weihung der Kirche – vom Cardo aus den von Eusebius nicht erwähnten Golgotha-Felsen „auf der linken Seite" (des Weges vom Berg Zion zur Porta Neapolitana, dem heutigen Damaskustor): Dort sei der Hügel Golgotha, „wo der Herr gekreuzigt wurde. Von dort etwa einen Steinwurf weit entfernt ist eine Höhle, wo sein Leib beigesetzt worden war."[114]

Abb. 55: Straße vom Muristan zum Forum der Grabeskirche Konstantins © BAI/DEI.

---

114 Busse 1987, 9.

Zur konstantinischen Grabeskirche gehörten Propyläen am Cardo, ein östliches Atrium, eine fünfschiffige Basilika (Martyrion), ein weiterer Atriumshof und eine Rotunde (Anastasis). Die Achse der Basilika lief nicht direkt auf das Grab im Zentrum der Rotunde zu. Der Golgotha-Felsen wurde im Südosten der Rotunde gezeigt. Er war wohl auch in einer der südlichen Seitenapsiden der Basilika zu sehen. Die Pilger stiegen von der Basilika zum Grab hinab. Die ehemalige Grabhöhle war aus ihrem natürlichen Kontext, dem Felsen im Westen und Nordwesten, herausgeschlagen und für die Verehrung zu einer Grabesädikula umgestaltet worden.

Die längs des heutigen Kirchenschiffs der Erlöserkirche verlaufende Ost-West-Mauer – die lange zu Unrecht als Stadtmauer Herodes d. Gr. angesehen worden war – diente als Stützmauer des südlich der Grabeskirche angelegten Forums. Das zugehörige Steinplattenpflaster liegt in etwa auf gleicher Höhe wie der antike Cardo östlich der Grabeskirche, nämlich bei + 752,60 m NN.

Bei Arbeiten zur Vorbereitung des archäologischen Parks stieß das DEI im Jahr 2010 auf eine gepflasterte Straße (Abb. 55), welche die Besucher des archäologischen Parks auf ihrem Rundgang überqueren können. Diese ist von Nord nach Süd geneigt und führt samt Wasserablaufrinne vom konstantinischen Forum an der Grabeskirche in das tiefer liegende Gelände des Muristan hinab. Die östlich am gepflasterten Weg angrenzende rechteckige Baustruktur gehörte zu einem einfachen Gebäude am Südrand des Forums, das möglicherweise der Steuertaxierung diente.

5.2.5 *St. Maria Latina* (11./12. Jh. n. Chr.; Stratum 2)

Die Grabeskirche wurde im Jahr 1009 auf Befehl des Fatimiden-Kalifen Al-Hakim zerstört. Auch das damals noch intakte Felsengrab wurde abgebrochen. Dies und andere Geschehnisse provozierten den ersten Kreuzzug. Die 1099 n. Chr. siegreichen Kreuzfahrer bauten die Grabeskirche in neuer Form wieder auf.

Südlich der Grabeskirche errichteten sie die Kirche *St. Maria Latina*. 2,10 m unter dem Fußboden der heutigen Kirche sind Reste des Mosaikfußbodens dieser Kirche noch zu sehen (Abb. 56). Der Fußbodenbereich wurde 2012 restauriert und besteht aus gebrochenen Marmorplatten und wiederverwendeten *Tesserae*. Diese gehören zu den wenigen Zeugnissen der Kreuzfahrerepoche, denn die Außenmauern der Kirche und der Turm der alten Kirche wurden vom Neubau 1893–1898 bewusst überbaut.

Auf dem Muristangelände (zwischen Davidstraße und Grabeskirche) entstanden in der Kreuzfahrerzeit noch zwei weitere Kirchen. Eine davon ist die Johanniskirche, wo einst der Johanniterorden entstand.

Abb. 56: Fußboden der Kirche St. Maria Latina © Vieweger und Förder-Hoff 2012, 33.

5.2.6 Der Grundstein (1893; Stratum 1)

Da man Ende des 19. Jh. glaubte, die bei den Bauarbeiten zur Errichtung der Erlöserkirche gefundene Ost-West-Mauer sei die antike Stadtmauer Herodes d. Gr., die „zur Zeit des Herrn die Stadt Jerusalem hier einschloß",[115] wurde 1893 auf ihr der Grundstein der Kirche gelegt. Während einer großen Zeremonie im Auftrag des deutschen Kaisers wählte man den Platz unterhalb des später zu errichtenden Altars der Erlöserkirche (Abb. 57e).

Dieser Grundstein wurde vom DEI 2011 geöffnet. In einer Metallbox lagen neben einer Bibel und den 95 Thesen Martin Luthers auch drei Fünf-Mark-Münzen mit Konterfeis der letzten deutschen Kaiser.

---

115 Kaiserpaar 1899, 7.

5.3 Diskussionen zum Kreuzigungs- und Grablegungsort Jesu

„Die Geschichte der Bauten Konstantins am Hl. Grab zeigt, dass es eine lokale Überlieferung in *Aelia* von den Stätten der Kreuzigung und Auferstehung Christi gab. Wenn der Felsen auf dem Forum auch vor 326 zugänglich, wenn nicht sogar sichtbar war, dann hatte sie sogar ihren greifbaren Haftpunkt."[116] Doch worauf stützt sich eine solch dezidierte Meinung, dass es eine feste Tradition zwischen dem konstantinischen Bau der Grabeskirche im 4. Jh. n. Chr. und der Kreuzigung Christi gab? Konnten die Christen in der Stadt diesen Ort in seiner geografischen Fixierung über 300 Jahre bewahrt haben?

> Zwischen den Angaben zur Kreuzigung und Grablegung Jesu im Neuen Testament und dem Bau der Grabeskirche klafft eine Lücke von drei Jahrhunderten. Die Evangelien stammen nicht von direkten Zeugen des Geschehens, sondern von Christen der zweiten und dritten Generation. Was diese über die Topografie der Kreuzigungsstelle berichten, lässt sich schnell überblicken: Sie lag nahe der Stadt (Joh 19,17), außerhalb der Stadtmauer (Mk 15,20; Mt 27,31 f.; vgl. Lk 23,26 und Hebr. 13,12), nahe bei Gärten oder Feldern (Mk 15,21; Lk 23,26; Joh 19,41), an einem belebten Ort (Mk 15,29; Mt 27,39; Lk 23,35) und an einer gut sichtbaren Stelle (Mk 15,40 f.; Mt 27,55; Lk 23,49).

> Vom Jerusalem-Besuch des Paulus im Jahr 57 n. Chr. wird berichtet, dass er den Tempel besuchte (Apg. 21,26). Über einen Gang zum Grab oder nach Golgotha ist nichts bekannt. Vermutlich waren die ersten Christen angesichts der von ihnen erhofften Wiederkunft Jesu zu ihren Lebzeiten (1 Thess 4,13–18.) weit mehr mit dem himmlischen Jerusalem beschäftigt als damit, lokale Marksteine des irdischen Lebens Jesu zu sichern.

> Das Wort Golgotha (Mk 15,22; Mt 27,33; Joh 19,17; vgl. Lk 23,33) verweist auf einen sichtbaren Hügel. Das Grab Jesu lag nahe dem Golgotha-Felsen. Es handelte sich um ein in den Felsen geschlagenes Grab, das mit einem Rollstein verschlossen werden konnte (Mk 15,46). Es sei zudem neu gewesen (Mt 27,59 f.) und unbenutzt (Lk 23,53). Letzteres ist auch in Joh 19,41 zu lesen.

Dafür gibt es neben den Berichten des Neuen Testaments einen literarischen Hinweis aus der Mitte des 2. Jh. n. Chr. Der Heidenchrist Melito von Sardes besuchte damals *Aelia Capitolina*. Melito wird den hadrianischen Tempels im Bau oder kurz nach dessen Fertigstellung gesehen haben. Dabei klagt er in seiner Passa-Homilie Israel an, Jesus verworfen zu haben. In diesem Zusammenhang wird dreimal mitgeteilt, dass Christus in der Mitte der Stadt getötet wurde.

Ohne die Annahme einer lokalen Tradition vom Grab Christi müsste man vermuten, Konstantin habe das im Zentrum der Stadt befindliche Heiligtum gewählt, um die Bedeutung der neuen Religion innerhalb der Tore *Aelia Capitolinas* auszudrücken. Letztlich ist diese Frage aber mit den uns zur Verfügung stehenden historischen Daten nicht zu entscheiden.

---

116 Kretschmar 1987, 62–63 mit Anm. 97–98.

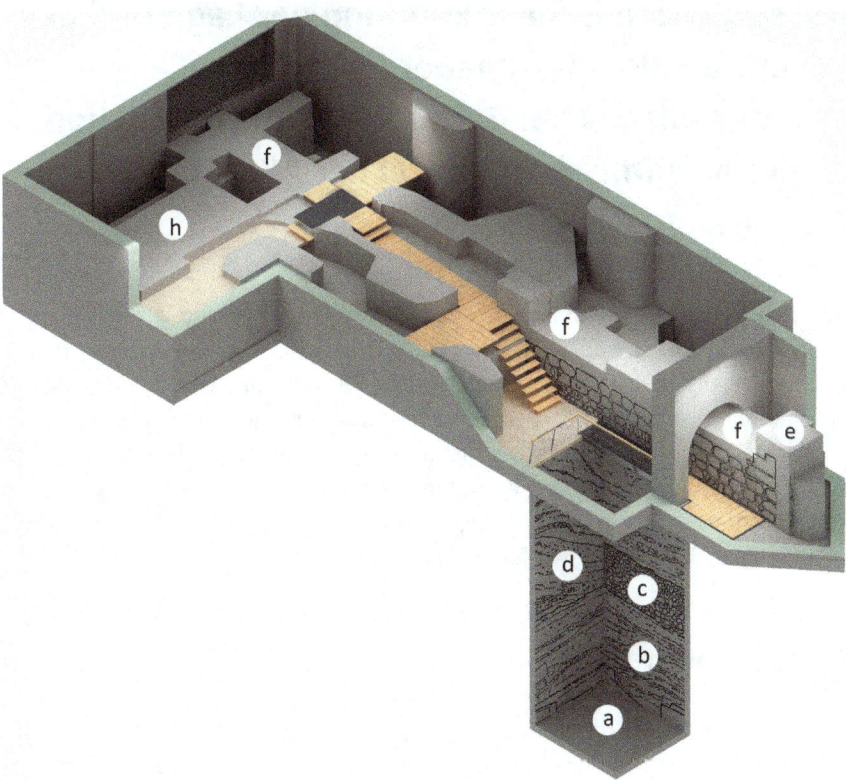

Abb. 57: Archäologischer Park unter der Erlöserkirche: a. Steinbruch, b. Gartengelände, c. Gartenmauer, d. Aufschüttung unter Hadrian, e. Grundstein der Kirche, f. Rückhaltemauer zum Forum Konstantins (nur oberer Teil), h. Mosaikfußboden der Kreuzfahrerkirche © Vieweger und Förder-Hoff 2012, 49.

6 Geophysikalische Erkundung der Lage und des Verlaufs der Nordmauer Jerusalems in herodianischer Zeit unter dem christlichen und muslimischen Viertel der Altstadt von Jerusalem

Die Frage der sog. „Zweiten Mauer" – der Nordmauer Jerusalems zur Zeit Herodes d. Gr. – blickt auf eine über 150 Jahre lange Forschungsgeschichte zurück. Da alle Flächen der Altstadt durch Häuser und Straßen überbaut sind und UN-Restriktionen ohnehin nur in speziell geregelten Ausnahmefällen Ausgrabungen innerhalb der Jerusalemer Altstadt erlauben,[117] erschien es sinnvoll, der wissenschaftlichen Fragestellung mit Hilfe von geophysikalischen Messungen nachzugehen. Aufgrund der schwierigen messtechnischen Ausgangssituation musste eigens dafür ein neues Konzept für ein Bodenradar entworfen und umgesetzt werden.

6.1 Ausgangsfragen

Der unter der Erlöserkirche 1970–1974 angelegte Tiefschnitt (Abb. 50, 51 und 57) bestätigte zwar die Annahme, dass sich der Ort der Erlöser- wie der Grabeskirche zur Zeit von Herodes d. Gr. außerhalb der Stadtmauer befand,[118] doch das ehemals als Stadtmauer interpretierte Mauerstück wurde als spätantike Rückhaltemauer des südlich der Grabeskirche angelegten Forums identifiziert. Es gehörte zur 325 n. Chr. auf dem Konzil von Nicäa durch Kaiser Konstantin d. Gr. in Auftrag gegebenen Grabeskirche. Daher blieb die Frage nach dem Verlauf und der Lokalisation der „Zweiten Mauer" und damit nach der Stadtgeschichte Jerusalems in diesen formativen Jahrzehnten unbeantwortet. Dieses „Rätsel" sollte nun mit geophysikalischen Mitteln gelöst werden.

Grundsätzlich schien es, zwei Möglichkeiten zu geben, die Frage zu beantworten: Zunächst im archäologischen Park unter der Erlöserkirche auf der Ebene des

---

117 Vgl. dazu die Haager Kriegsordnung von 1907 und die Vierte Genfer Konvention von 1949. Zu Kap. 8 siehe auch Vieweger, Sachs und Just 2023, 64–76.
118 In 14 m Tiefe stieß man auf einen Steinbruch, dessen letztmalige Nutzung in die herodianische Zeit zu datieren ist; darüber hinaus liegt über diesem Steinbruch ein Stratum mit Erdschichten, die als Feld- oder Gartenareal identifiziert werden konnten und dessen Keramik- wie Münzfunde in die Zeit von der Zeitenwende bis 70 n. Chr. deuten.

zuletzt in herodianischer Zeit benutzten Steinbruchs (Abb. 52), d. h. „untertage" – dann aber auch von der heutigen Oberfläche aus, von den Straßen und Gassen des christlichen und muslimischen Viertels.

6.2 Geophysikalische Messungen im Tiefschnitt unter der Erlöserkirche

Der Tiefschnitt im archäologischen Park unter der Erlöserkirche bot sich als Ausgangspunkt von Messungen an, wenn die gesuchte Mauer nur wenige Meter von dort entfernt liegen sollte. Hier – wie sonst nirgendwo in der Altstadt – war die Möglichkeit gegeben, bis auf die Strata des 1. Jh. v./n. Chr. hinabzusteigen. Ohne auf weitere architektonische Reste anderer Epochen zu stoßen, konnte hier in die Erdschichten in Richtung der gesuchten Mauer hineingemessen werden.

Die Überlegungen sind anhand von Abb. 58 leicht nachzuvollziehen: Die Nordmauer des herodianischen Jerusalems liegt östlich des Tiefschnitts. Sie muss eine in Jerusalem und auch anderswo nachgewiesene Mindeststärke von 2,5 m besessen haben. Wie häufig könnte sie (gerade im vorliegenden Steinbruchbereich!) direkt auf dem natürlich gewachsenen, nach Westen zum Steinbruch senkrecht abgearbeiteten Felsen aufgesessen haben (Abb. 58 und 59).

Nach dem „Jüdischen Krieg" und der Zerstörung Jerusalems (70 n. Chr.) ließ Hadrian zwischen 132 und 135 n. Chr. das ehemalige Steinbruchareal westlich der frührömischen, zumeist Herodes zugeschriebenen Neustadt aufschütten und in die neu gegründete Stadt *Colonia Aelia Capitolina* einbeziehen. Dazu überdeckte Kaiser Hadrian den tief eingegrabenen Bereich großflächig mit Aufschüttungen[119] und ließ ihn überbauen. Da er alle größeren Steine für den Neubau seiner Stadt wiederverwendete, wurden im Schütthorizont nur Erde, Artefakte und kleinere Steine aufgefunden.

Geht man vom heutigen Tiefschnitt unter der Erlöserkirche aus und urteilt nach der Ausrichtung des Abbaus der Steine im Steinbruch an dieser Stelle, dann sollte die Mauer nicht exakt östlich, sondern um wenige Grad gedreht ost-südöstlich zu finden sein (Abb. 59 und 60).

Im archäologischen Park unterhalb der Erlöserkirche wurde der Tiefschnitt mit Hilfsgestellen versehen, die ein Scannen seiner Wandung mit den Georadarantennen ermöglichten. Die Antennen wurden dabei händisch im 20 cm Raster

---

[119] Bis zu 8 m in „Area C" (Hof der Martin-Luther-Schule) bei Kathleen Kenyon; im Bereich des Tiefschnitts unter der Erlöserkirche 5,50 m.

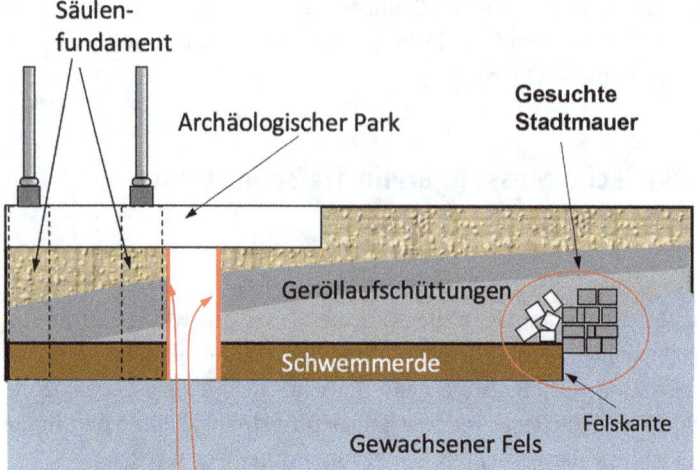

Abb. 58: Sondage und vermutete Nordmauer zur Zeit Herodes d. Gr. © BAI/DEI.

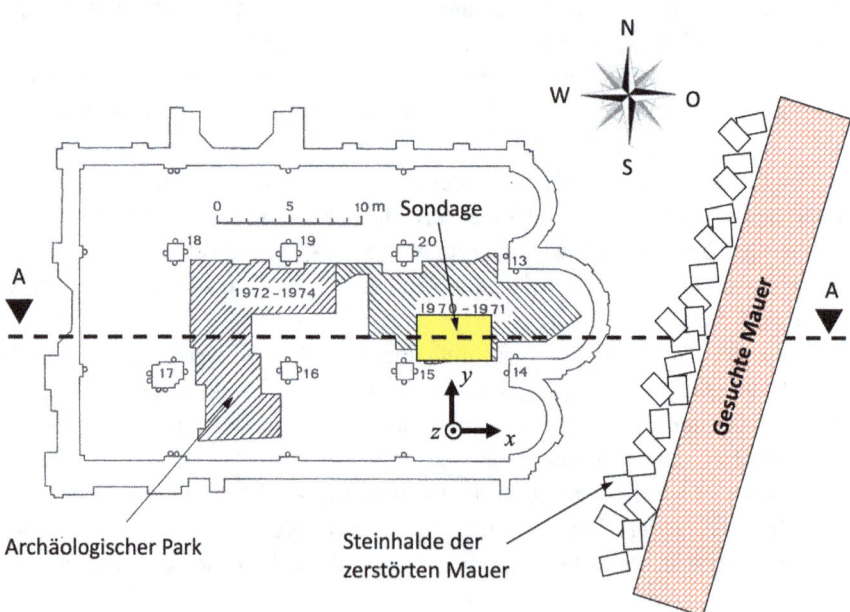

Abb. 59: Sondage unter der Kirche und vermutete Nordmauer zur Zeit Herodes d. Gr. © BAI/DEI.

6.2 Geophysikalische Messungen im Tiefschnitt unter der Erlöserkirche — 65

über die Wände der Grabung bewegt (Abb. 59). Um eine Beschädigung der porösen Grabungssektionen zu vermeiden, durften die Antennen beim Verschieben die Wände nicht berühren. Während der Messung wurden die Antennen mittels Glasfaser-Teleskopstangen an die Wand gedrückt (Abb. 60).

 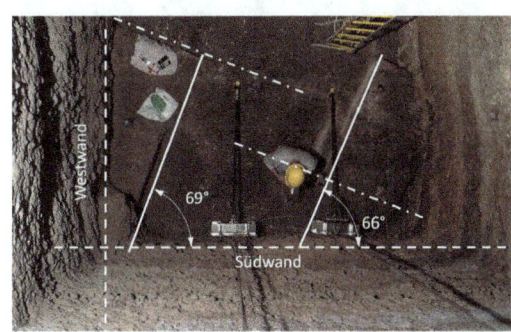

Abb. 60 und 61: Messungen am Tiefschnitt. Von einer Brücke wurden die Antennen schrittweise in die Höhe gezogen © BAI/DEI.

Alle vier Wände wurden mehrfach abgescannt, um Unterschiede in den Radargrammen identifizieren zu können. Leider haben sich keine Hinweise auf die Existenz einer Stadtmauer in Richtung der Ostwand ergeben.

Die Messungen innerhalb des Tiefschnitts wurden kaum durch den öffentlichen Funkverkehr gestört, so dass man hier die Eindringtiefe der Radarsignale unabhängig von äußeren Einflüssen abschätzen konnte. Diese ergab sich zu etwa 15 bis 20 m. Danach dominierte der Rauschpegel das Signal. Infolge der bekannten Abmessungen des Tiefschnitts hätten unerwünschte Ausstrahlungen der Radarantennen in Rückwärtsrichtung gut identifiziert werden können. Da sich entsprechende Erscheinungen in den Radargrammen nicht nachweisen ließen (Abb. 62), kann davon ausgegangen werden, dass die getroffenen Schirmungsmaßnahmen wirkungsvoll waren.

Daraus war zu schließen, dass die Nordmauer in herodianischer Zeit weiter als 15 bis 20 m vom Tiefschnitt entfernt lag. Deshalb waren alternativ zur Sondage nun Messungen an zugänglichen Freiflächen in der Stadt von der Oberfläche bis zum archäologischen Untergrund in Betracht zu ziehen.

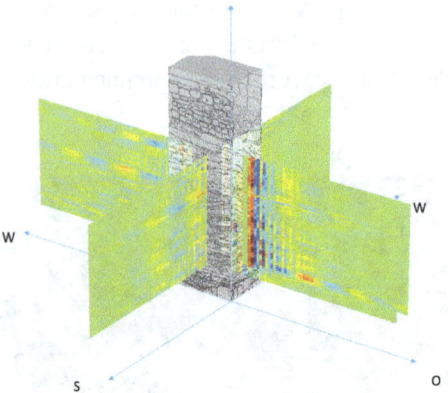

Abb. 62: Messergebnisse, die ein repräsentatives Mauerwerk in 15–20 m Entfernung zum Tiefschnitt ausschließen © Jürgen Sachs und BAI/DEI.

6.3 Geophysikalische Messungen in den Straßen und Gassen der Stadt

Die bei Hadrians Wiederaufbau der Stadt entstanden Aufschüttungen betrugen laut archäologischem Befund zwischen 5,5 m und 8 m; die gesamte archäologische Akkumulation oberhalb des ehemaligen Steinbruchgeländes erreichte unter der Erlöserkirche 14 m. Folglich musste das Radarverfahren eine Eindringtiefe von mehr als 15 bis 20 m ermöglichen. Da zum Einebnen des Geländes neben der lokalen Lehmerde (in modernen Zeiten!) auch immer wieder Kalkstein(-material) verwendet wurde, aus dem auch die gesuchte „Zweite Mauer" besteht, war mit einem nur sehr geringen Radarkontrast zu rechnen.

Sollte mancherorts die Überdeckung der verbliebenen Mauerstümpfe mit Schutt aber auch nur gering sein, so durfte das Radar keinen Blindbereich besitzen und musste über eine hinreichend gute Entfernungsauflösung verfügen.

Ausgehend von historischen Belegen, topografischen Überlegungen und den Ausgrabungen unterhalb der Erlöserkirche sowie in „Area C" (Kathleen Kenyon) ergab sich ein Suchkorridor, wie er in Abb. 63 durch die rot gekennzeichnete Fläche markiert ist. Innerhalb dieses Areals wurden möglichst viele Gassen mit dem Radar abgefahren. Leider war dies nur lückenhaft durchzuführen, da durch deren vielfach stufenförmigen Verlauf ein Scannen mit dem Testvehikel nicht immer möglich war. Aufgrund des Verlaufs der Schnittkanten der Steine im ehemals römischen Steinbruch am Grund des Tiefschnittes unter der Erlöserkirche (Abb. 59) konnte davon ausgegangen werden, dass mindestens in diesem Bereich die „Zweite Mauer" in einem ähnlichen Anstellwinkel verläuft.

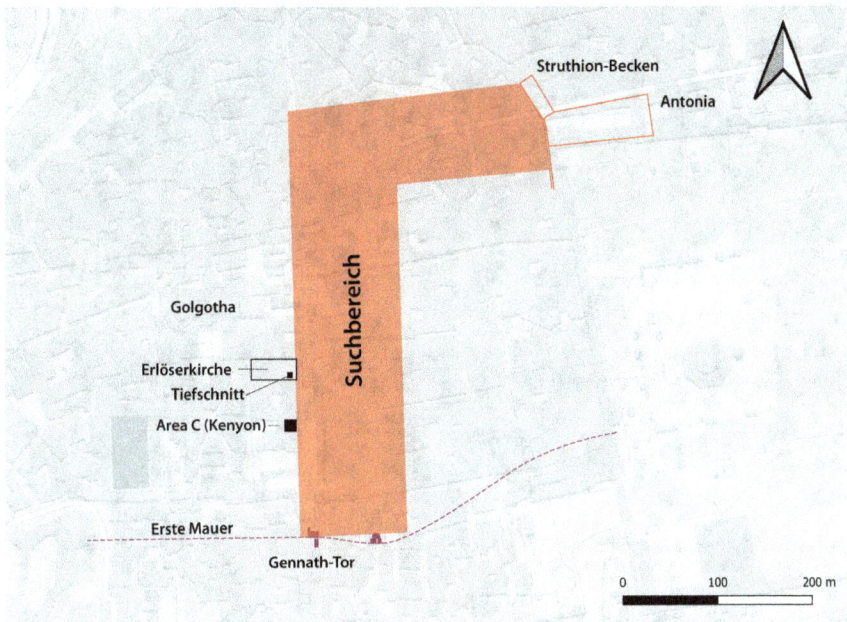

Abb. 63: Tiefschnitt im ehemaligen Steinbruch und daraus abgeleitetes Suchgebiet © BAI/DEI.

Zur Erfassung dieser Fläche mussten mehrere hundert Meter an Gassen mit dem Radar abgefahren werden. Dazu war ein zerlegbares Testvehikel (Abb. 64) nötig, was sich einfach im Flugzeug transportieren ließ, und einen akzeptable Messvorschritt ermöglichte. Die Straßen und Gassen in der Altstadt von Jerusalem sind teilweise sehr eng und mit einem dichten Kanalisations- und Leitungsnetz durchzogen, woraus sich weitere Herausforderungen für das Radarverfahren ergaben.

6.4 Das Georadar

Das Georadar ist eine durchaus übliche Methode für archäologische Erkundungen. Allerdings ließen sich unter den in Jerusalem herrschenden Messbedingungen keine der kommerziell verfügbaren Geräte einsetzen, da spezielle Herausforderungen zu beachten waren:
– Die Eindringtiefe der Sondierungswellen sollte mindestens 15 bis 20 m betragen, wobei auch noch geringe elektrische Kontraste nachweisbar sein mussten. Diese ergeben sich aus der Tatsache, dass die (kompakten) Mauersteine und moderne Aufschüttungen aus ähnlichen Grundmaterialien bestanden.

Abb. 64: Testvehikel mit Bodenradar in den Gassen Jerusalems © BAI/DEI.

Neben einer sehr empfindlichen Radarelektronik erforderte dies eine relative geringe Arbeitsfrequenz (ca. 50 MHz oder geringer).
- Da die Entfernung der Mauerkrone zur Oberfläche nicht bekannt ist, durfte eine nur sehr knappe Bedeckung mit einer Aufschüttung nicht ausgeschlossen werden. Damit war auch eine gute Tiefenauflösung des Radars gefordert. Das lässt sich nur erreichen, wenn sich die Arbeitsfrequenzen des Radars über einen sehr breiten Frequenzbereich erstrecken und es keinen Blindbereich in unmittelbarer Nähe zu den Radarantennen gibt. Die durchaus große Bandbreite wurde auch benötigt, um die oberflächennahen Reflektionen von Kanalisations-, Wasser- und Stromleitungen von tiefer liegenden Reflexionshorizonten unterscheiden zu können.
- Unglücklicherweise liegen die infrage kommenden Arbeitsfrequenzen des Radars im gleichen Frequenzband wie der Kurzwellenfunk, wie UKW-Radio oder VHF-Fernsehsender. Da die Messungen in urbaner Umgebung stattfanden, musste eine Methode gefunden werden, die eine gegenseitige Beeinflussung und Störung minimierte.
- Die elektromagnetischen Sondierungswellen des Radars haben das Bestreben, sich in alle Richtungen auszubreiten. Das hat zur Folge, dass sich Signale

aus dem Untergrund (also mögliche Reflexionen an einer Mauerkante) mit Reflexionen an Häuserfronten oder Ähnlichem überlagern. Infolge der dichten Bebauung Jerusalems traten somit Mehrdeutigkeiten in den Messsignalen auf, die sich nicht mehr korrekt zuordnen ließen.

Um den gestellten Anforderungen gerecht zu werden, musste ein Georadargerät nach einem neuen Konzept implementiert werden. Die wesentlichen Neuheiten bestanden dabei in der Wahl des Antennenkonzepts und des Signals zur Erzeugung der elektromagnetischen Sondierungssignale.[120]

6.4.1 Das neue Antennenkonzept

Als ein zweckmäßiges Antennenkonzept kam ein „Large Current Radiator" (LCR) in Betracht, der von Harald Harmuth[121] vor mehr als 35 Jahren erstmals erwähnt wurde, aber bis auf wenige Ausnahmen[122] kaum Beachtung fand. Im Rahmen dieses Projekts wurde das Prinzip wieder aufgegriffen (Abb. 65) und an entscheidenden Punkten überarbeitet und verbessert, so dass nun ein effizientes und baulich kleines Antennenprinzip für Georadar und Mikrowellen-Imaging zur Verfügung stand.

Im vorliegenden Radar wurden Antennen mit einer Strahlenlänge von ca. 10 cm verwendet, die letztlich auch die kleinstmögliche Abmessung eines Georadars vorgibt. Mit dieser Antenne konnten Arbeitsfrequenzen von 20 MHz bis über 200 MHz erzielt werden. Nach klassischen GPR-Konzepten werden dafür mindestens drei unterschiedliche Antennen benötigt, wobei die Antenne für das tiefste Frequenzintervall eine Länge von 5 m oder mehr haben muss.

---

120 Kommerzielle Georadargeräte arbeiten üblicherweise nur über eine Bandbreite von 1:2 – also z. B. von 30 MHz bis 60 MHz. Die Antennenabmessungen übersteigen dabei teilweise erheblich die Dimension eines Meters. In der Enge der Jerusalemer Gassen oder der Sondage lassen sich solche Geräte nicht mehr bedienen. Eine Abschirmung der Antennen, um eine Wellenausbreitung in unerwünschte Richtungen zu unterdrücken, ist praktisch kaum möglich, da dies zu einer weiteren Vergrößerung und erheblicher Gewichtszunahme führen würde. Außerdem erzeugen kommerzielle Georadargeräte sehr kurze, pulsförmige Sondierungswellen. Diese haben die Tendenz, einerseits den öffentlichen Funkverkehr zu stören, und anderseits reagieren deren Empfänger empfindlich auf äußere Störungen durch den öffentlichen Funkverkehr.
121 Harmuth 1981 und 1984.
122 Lukin, Pochanin und Masalov 1997, 156–160, und Taylor 2012, 325–372.

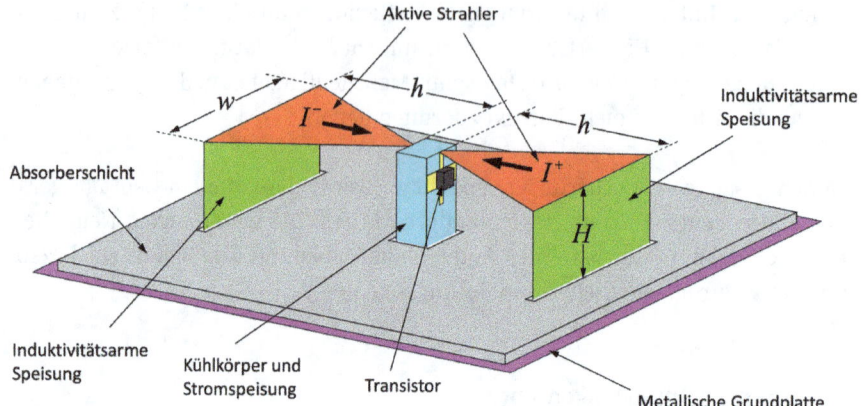

Abb. 65: Grundaufbau des verwendeten LCR-Konzeptes (Patente D5063NLP und D5064NLP) © Jürgen Sachs und BAI/DEI.

6.4.2 Das Sendesignal

Als Sendesignal wurde anstelle des sonst üblichen kurzen, aber kräftigen Spannungsimpulses ein sogenanntes Pseudo-Rauschsignal verwendet, was folgende Vorteile bringt:
- Im Gegensatz zu einem Impuls ist das Signal schon bei geringen Amplitudenwerten sehr energiereich, so dass der Ausbreitungsdämpfung im Boden gut entgegengewirkt werden kann.
- Es lässt sich einfach erzeugen und erfassen.
- Schließlich minimiert es aufgrund seiner Zufälligkeit die Störungen des öffentlichen Funkverkehrs und ist selbst wenig anfällig gegenüber starken Fernseh- oder Radiosendern.

6.4.3 Der Radarscanner

Die Grundstruktur des Radargerätes wird in Abb. 66 zusammengefasst. Um einen möglichst flexiblen Einsatz beim Scannen in den Straßen Jerusalems zu ermöglichen, wurden Radarsender und Radarempfänger als separate Einheiten aufgebaut, die über ein Glasfaserkabel miteinander synchronisiert wurden. Die Bedienung der Geräte und die Kontrolle des Messvorschrittes wurden über einen zusätzlichen Rechner realisiert, der über Funk mit den Radargeräten in Verbindung stand. Dadurch konnten elektrische Leitungen vermieden werden, welche die Ausbreitung der elektrischen Sondierungswellen beeinflusst hätten.

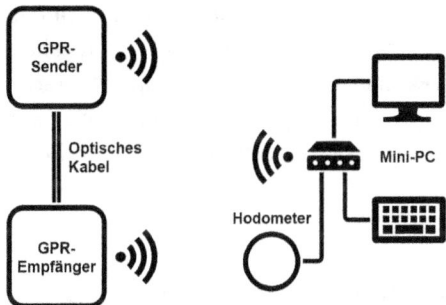

Abb. 66: Struktur des Radargerätes © Jürgen Sachs und BAI/DEI.

Mit Ausnahme der Antennen befand sich die gesamte Radarelektronik inklusive der Stromversorgung in einem abgeschirmten Gehäuse. Zum Scannen/Messen innerhalb der Stadt wurden die Radargeräte in einem metallfreien Fahrgestell federnd aufgehängt (Abb. 64), damit sie nicht mit ihrem vollen Gewicht über das Straßenpflaster geschleift werden mussten. Die zurückgelegte Messstrecke wurde mit einem Hodometer vermessen, welches die Drehungen des Vorderrades erfasste.

6.5 Die Messkampagnen

Insgesamt wurden vier Messkampagnen in Jerusalem durchgeführt:
1. Frühherbst 2015: Die erste Messkampagne wurde benötigt, um sich mit den Örtlichkeiten vertraut zu machen und durch erste Voruntersuchungen Designrichtlinien für die neu zu entwickelnden Georadargeräte erarbeiten zu können.
2. Herbst 2016: In diesem Jahr wurde ein Georadar-Gerät nach einem neuen Konzept entwickelt und aufgebaut. Außerdem wurde ein Testvehikel für zügige Messungen in den Straßen hergestellt. Selbst die Scan-Methode für Messungen im Tiefschnitt konnte erheblich beschleunigt werden, da Teleskopstangen zum Andrücken der Radargeräte an die Grabungswand verwendet wurden.
3. Herbst 2017: Bei der Kampagne kam ein verbessertes Radar zum Einsatz, das aufgrund seines überarbeiteten Schirmungskonzeptes ein optimiertes Signalverhalten und geringeres Übersprechen zeigte. Leider konnten für das Radar nur leistungsschwache LCR-Treibertransistoren eingesetzt werden, da Einfuhrformalitäten die Lieferung der dafür vorgesehenen Leistungstransistoren erheblich verzögert hatten.

4. Juni 2019: Das verwendete Radargerät wurde unter Verwendung von Leistungstransistoren als LCR-Treiber neu konzipiert.

Die Messungen in den Straßen und Gassen von Jerusalem konnten erst nach Mitternacht durchgeführt werden, um dem starken Publikumsverkehr zu entgehen. Straßenpatrouillen von Polizei und Armee haben die Messungen meist interessiert verfolgt. Dank der von israelischen Behörden ausgestellten Messerlaubnis gab es keine nennenswerten Probleme. Zu Beeinträchtigungen des Funkverkehrs kam es nicht.

6.6 Ergebnisse der Messungen in den Straßen der Altstadt

Ausgehend von den oben dargelegten Überlegungen konnte eine Eingrenzung des Suchgebietes vorgenommen werden. Die dort abgefahrenen Straßen und Gassen sind Abb. 67 zu entnehmen. Die Straßen sind sehr eng und dicht mit Kanalisation, Wasser- und Elektroleitungen durchzogen. Diese verursachen kräftige Reflektionen, die zu „Überlagerungen"/„Störungen" in den Radargrammen führten. Ein Scannen entlang der vermuteten Mauerkrone erwies sich als wenig zweckmäßig, da es kaum möglich war, zwischen Störungen und Mauerreflektion zu unterscheiden. Beim Scannen quer zur Mauerkrone gab es eindeutigere Indizien, die auf ihr Vorhandensein hinweisen, obwohl auch diese Signale infolge der starken Störung recht schwach ausfielen. Als Beispiel soll ein Radargramm entlang der Via Dolorosa dienen (Abb. 68). Die Straßen wurden sechsfach abgescannt, und zwar in jeweils

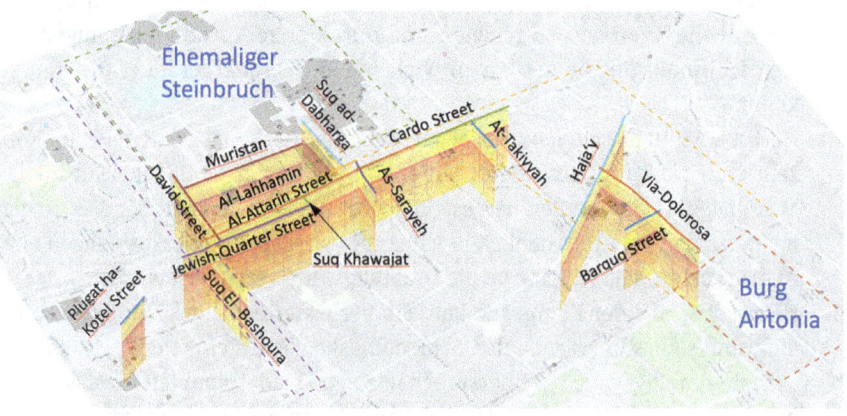

Abb. 67: Suchbereich in der Altstadt mit eingeblendeten Radargrammen der befahrbaren Straßen und Gassen © BAI/DEI.

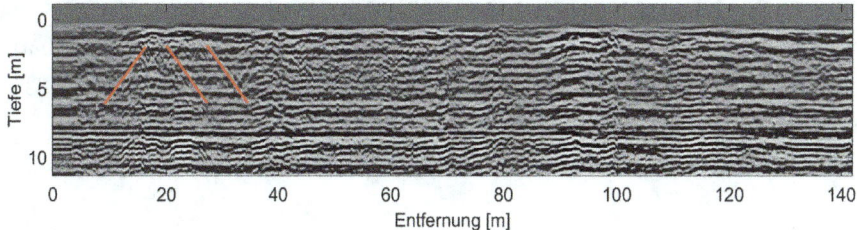

Abb. 68: Radargramm entlang der Via Dolorosa: Eine Datenstruktur, die auf das Vorhandensein eines Mauerstumpfes schließen lässt (im Bereich zwischen 20 und 30 m hervorgehoben) © BAI/DEI.

entgegengesetzter Richtung und mit unterschiedlichen Abständen zwischen Sende- und Empfangsantenne (1 m, 2,8 m und 3,4 m).

Wenn gleiche Datenmuster auftraten, wurden diese als möglicher Anhaltspunkt für das Vorhandensein eines Mauerstumpfes gewertet.

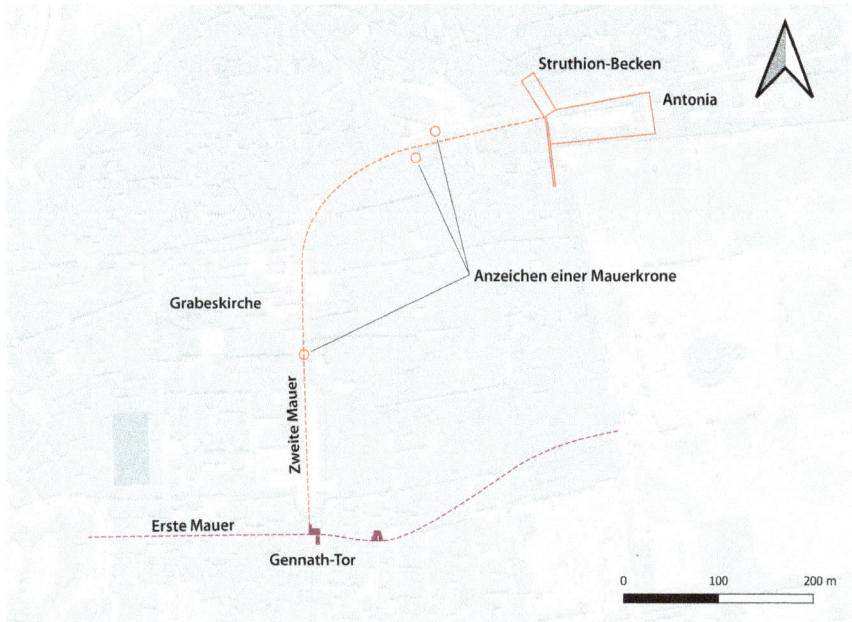

Abb. 69: Prognostizierter Verlauf der „Zweiten Mauer" basierend auf Radarmessungen, archäologischen Belegen, topografischen Gegebenheiten und der Strukturierung des ehemaligen römischen Steinbruchs im archäologischen Park unterhalb der Erlöserkirche © BAI/DEI.

Insgesamt ergaben sich daraus drei Bereiche (in der Via Dolorosa, in der Al-Wad-Straße und in der Suq HaBasamim-Straße[123]), die verlässliche, reproduzierbare Indizien einer größeren Mauerkrone zeigten. Diese sind in Abb. 69 zusammengefasst. Zwei davon waren aus der Messkampagne von 2017 schon bekannt. Mit dem neuen Radar sind sie etwas deutlicher hervorgetreten.

6.7 Schlussfolgerungen

Fasst man alle Indizien zusammen, ergibt sich ein wahrscheinlicher Verlauf der „Zweiten Mauer" wie in Abb. 69 angedeutet.

Nach den vorliegenden geophysikalischen Daten ist die Lage der Nordmauer zur Zeit Herodes d. Gr. nur im Einklang mit den topografischen Höhenlinien zu interpolieren. Nimmt man die drei sich aus den Radargrammen ergebenden Basispunkte für den Verlauf der Stadtmauer als Ausgangspunkte, dann ergibt sich gemäß der lokalen Höhenlinien eine mögliche, in Rot eingezeichnete Linienführung. Ausgeschlossen wird nunmehr der alternativ diskutierte weit nach Norden gezogene Bogen der Stadtbefestigung, dessen Nordwestausdehnung fast bis zum Damaskustor reicht.[124]

---

[123] Hier zeigt sich (sehr schwach) gleich zu Beginn der Messung ein Hyperbelast, wie er beim Entfernen von einer Mauerkrone im Radargramm entsteht. Das wurde als Indiz gewertet, dass sich die Mauerkrone unmittelbar unter dem Gebäude hinter dem Rücken des Radaroperators befinden muss. Bei Messungen vom Tiefschnitt aus hätte sich die „Zweite Mauer" also gerade außerhalb der Reichweite des Radars befunden.

[124] Vgl. Bahat 2015.

7 Ergebnisse und weitere Zielstellungen

Die Langzeitgrabungen des DEI waren eine einzigartige Gelegenheit, die Stadtentwicklung bedeutender Bereiche des antiken Jerusalem von der Eisenzeit II bis zum Mittelalter zu untersuchen und kritisch gegenüber bisherigen Annahmen zu prüfen. Es war dem DEI möglich, die kulturelle Entwicklung Jerusalems in wichtigen Epochen der Stadtgeschichte tiefgreifender und profunder zu beschreiben, als dies bisher möglich war.

Trotz umfangreicher Ausgrabungen seit 2015 sind bedeutende Fragen zum Verlauf von Jerusalems Stadtmauern im Südwesten des Zionsberges noch offen geblieben. Dies gilt insbesondere für die Frage nach der Ausdehnung des eisenzeitlichen Jerusalem. Dieser Thematik soll in Areal VII (westlich an VI angrenzend) im Jahr 2025 nachgegangen werden.

Die Arbeiten des DEI unter der Erlöserkirche 2009–2012 konnten die Stadtgeschichte des Muristanviertels um bedeutende Aspekte bereichern und eine vollständige Stratigraphie des Areals erstellen. Die Umwandlung des Ausgrabungsareals in einen archäologischen Park („Durch die Zeiten") ermöglicht es Touristen und Pilgern, die „historische Tiefe" der Stadt zu erleben (https://www.durch-die-zeiten.info). Gleiches gilt für die umfassende Restaurierung der Doppel-Miqwenanlage im Areal III des Zionsfriedhofs.

Die Erkundung des möglichen Stadtmauerverlaufs der frührömischen Altstadt zur Zeit Herodes d. Gr. hat per Geophysik eine überzeugende These hervorgebracht, die möglicherweise bei Umbaumaßnahmen im christlichen oder arabischen Viertel einmal auch archäologisch gezielt nachgewiesen werden kann.

Bibliographie

Abed Rabo, Omar. 2023. "The Southern Walls of the Old City of Jerusalem in 10th–11th Century AD." In *Durch die Zeiten. Through the Ages, Festschrift für Dieter Vieweger*, hg. von Katja Soennecken, Patrick Leiverkus, Jennifer Zimni und Katharina Schmidt, 577–597. Gütersloh: Gütersloher Verlagshaus.

Bagatti, Bellarmino. 1978. *Il Golgotha e la Croce. ricerche storico-archeologiche*. Collectio Minor 21. Jerusalem: Studium Biblicum Franciscanum.

Bahat, Dan. 1987. "Sanuto's Map and the Walls of Jerusalem in the Thirteenth Century." *Eretz-Israel* 19:295–298 (Hebr.; Engl. 82*).

Bahat, Dan. 2015. *Carta's Historical Atlas of Jerusalem*, Jerusalem: Israel Exploration Society.

Ben-Ami, Doron und Yana Tchekhanovets. 2019. "Giv'ati Parking Lot project 2005–2017." In *Ancient Jerusalem Revealed. Archaeological Discoveries*, hg. von Hillel Geva. *1998–2018*, 264–278. Jerusalem: Israel Exploration Society.

Bieberstein, Klaus. in print. *Die ayyubidische Befestigung des Südwesthügels von Jerusalem und die Zerstörung der Kirche St. Maria in Monte Sion unter Al-Malik al-Muʿaẓẓam ʿĪsā*.

Bieberstein, Klaus und Hanswulf Bloedhorn. 1994. *Jerusalem. Grundzüge der Baugeschichte vom Chalkolithikum bis zur Frühzeit der osmanischen Herrschaft*, Bd. 1–3. Tübinger Atlas des Vorderen Orients Beiheft B 100. Wiesbaden: Harrassowitz.

Bijovsky, Gabriela Ingrid. 2012. *Gold Coin and Small Change. Monetary Circulation in Fifth-Seventh Century Byzantine Palestine*. Numismatica antica e medieval 2. Triest: Università di Trieste.

Bliss, Frederick J. 1894a. "Excavations at Jerusalem, Palestine Exploration Fund." *Quarterly Statement* 26:169–175.

Bliss, Frederick J. 1894b. "Second Report on the Excavations in Jerusalem." *Palestine Exploration Fund* 26:243–257.

Bliss, Frederick J. 1895. "Third Report on the Excavations in Jerusalem." *Palestine Exploration Fund* 27:9–25.

Bliss, Frederick J. 1898. Excavations at Jerusalem 1894–1897. London: Committee of the Palestine Exploration Fund.

Borger, Rikle. 1984. „Der dritte Feldzug Sanheribs." In *Texte aus der Umwelt des Alten Testaments*, hg. v. Gernot Wilhelm. Bd. 1.4, 388–391. Gütersloh: Gütersloher Verlagshaus.

Bossard, Eugène. Ohne Jahr. *Album de Terre Sainte. 432 Photographies*. Paris: Maison de la bonne presse.

Broshi, Magen. 1976a. "Recent Excavations along the Walls of Jerusalem." *Qadmoniot* 9:75–78.

Broshi, Magen. 1976b. "Broshi, Excavations on Mount Zion, 1971–1972. Preliminary Report." *Israel Exploration Journal* 26.2–3:81–88.

Broshi, Magen und Gabriel Barkay. 1985. "Excavations in the Chapel of St. Vartan in the Holy Sepulchre." *Israel Exploration Journal* 35:108–128.

Busse, Heribert. 1987. „Jerusalemer Heiligtumstraditionen in altkirchlicher und frühislamischer Zeit." In *Jerusalem*, hg. von Heribert Busse und Georg Kretschmar, Abhandlungen des Deutschen Palästina-Vereins 8, 1–27. Wiesbaden: Harrassowitz.

Cerulli, Enrico et al., Hg. 1970–1984. *Muhammad al-Idrisi, Opus geographicum. Sive 'Liber ad eorum delectationem qui terras peragrare studeant'*, Bd. 1–9. Neapel: Univ. Orientale di Napoli.

Chen, Doron, Shlomo Margalit, und Bargil Pixner. 1994. "Mount Zion. Discovery of Iron Age Fortification below the Gate of the Essenes." In *Ancient Jerusalem Revealed*, hg. von Hillel Geva, 76–81, Jerusalem: Israel Exploration Society.

Committee of the Palestine Exploration Fund, Hg. 1889. *The Pilgrimage of Joannes Phocas in the Holy Land. In the year 1185 A.D.*, übers. von Aubrey Stewart. London: Palestinian Pilgrims' Text Society.

Conder, Claude R. 1875. "The Rock Scarp of Zion." *Palestine Exploration Fund* 8:81–89.

Corbo, Virgilio Canio. 1982. *Il Santo Sepolchro di Gerusalemme, Aspetti archeologici dalle origini al periodo crociato, Jerusalem 1981–1982*, Bd. 2. Collectio Maior 29. Jerusalem: Studium Biblicum Franciscanum.

Coûasnon, Charles. 1974. *The Church of the Holy Sepulchre in Jerusalem*. London: Oxford University Press.

Crowfoot, John W., Kathleen M. Kenyon und Eleasar L. Sukenik. 1942. *Samaria-Sebaste. Reports of the Work of the Joint Expedition in 1931–1933 and of the British Expedition in 1935. The Buildings of Samaria*. London: Palestine Exploration Fund.

Cytryn, Katja. 2023. "Tiberias, Ramla and Jerusalem. The Eleventh Century CE in the Archaeological Evidence." In *Durch die Zeiten. Through the Ages, Festschrift für Dieter Vieweger*, hg. von Katja Soennecken, Patrick Leiverkus, Jennifer Zimni und Katharina Schmidt, 421–458. Gütersloh: Gütersloher Verlagshaus.

De Sandoli, Sabino, Hg. 1980. *Itinera Hierosolymitana Crucesignatorum (saec. XII–XIII). Bd. 2, Tempore Regum Francorum (1100–1187). Textus Latini cum versione Italica*. Collectio Maior 24. Jerusalem: Studium Biblicum Franciscanum.

Donner, Herbert. 1979. *Pilgerfahrt ins Heilige Land. Die ältesten Berichte christlicher Palästinapilger (4.–7. Jahrhundert)*. Stuttgart: Katholisches Bibelwerk.

Eck, Werner. 2019. „Die Colonia Aelia Capitolina. Überlegungen zur Anfangsphase der zweiten römischen Kolonie in der Provinz Iudaae-Syria Palestina." *Electrum* 26:129–139.

Eck, Werner, Dieter Vieweger und Jennifer Zimni. 2020. „Die Basis einer Ehrenstatue mit dem *cursus honorum* eines senatorischen Amtsträgers." *Zeitschrift für Papyrologie und Epigraphik* 216:273–278.

Geva, Hillel, Hg. 2000. *Jewish Quarter Excavations in the Old City of Jerusalem Conducted by Nahman Avigad, 1962–1982. Bd. 1, Architecture and Stratigraphy. Areas A, W and X-2. Final Report*. Jerusalem: Israel Exploration Society.

Geva, Hillel. 2003. "Summary and Discussions of Findings from Areas A, W and X-2." In *Jewish Quarter Excavations in the Old City of Jerusalem Conducted by Nahman Avigad, 1969–1982. Bd. 2, The Finds from Areas A, W and X-2. Final Report*, hg. von Hillel Geva, 501–552. Jerusalem: Israel Exploration Society.

Göbl, Robert. 1968. *Sasanidische Numismatik*. Handbücher der mittelalterlichen Numismatik. 1. Braunschweig: Klinkhardt & Biermann.

Grierson, Philip, Hg. 1993. *Catalogue of the Byzantine Coins in the Dumbarton Oaks Collection and in the Whittemore Collection. Bd. 2, Phocas to Theodosius III*. Washington D.C.: Dumbarton Oaks.

Harmuth, Harald. 1981. *Nonsinusoidal Waves for Radar and Radio Communication*. Advances in Electronics and Electron Physics. Supplement 14. New York: Academic Press.

Harmuth, Harald. 1984. *Antennas and Waveguides for Nonsinusoidal Waves*. Advances in Electronics and Electron Physics. Supplement 14. Orlando, FL: Academic Press.

Hiestand, Rudolf, Hg. 1985, *Papsturkunden für Kirchen im Heiligen Lande*. Abhandlungen der Akademie der Wissenschaften in Göttingen, Philologisch-Historische Klasse 136. Vorarbeiten zum Oriens pontificius 3. Göttingen: Vandenhoeck & Ruprecht.

Hirschberg, Haim Zeev. 1954. "The Tombs of David and Solomon in Moslem Tradition." *Eretz-Israel* 3:213–220.

Horowitz, Elliot. 1998. "'The Vengeance of the Jews Was Stronger Than Their Avarice'. Modern Historians and the Persian Conquest of Jerusalem in 614." *Jewish Social Studies.NS* 4,2:1–39.

Horowitz, Elliot. 2008. *Reckless Rites. Purim and the Legacy of Jewish Violence. Jews, Christians, and Muslims from the Ancient to the Modern World*. Princeton: Princeton University Press.

Huygens, Robert Burchard Constantijan, Hg. 1994. *Peregrinationes tres. Saewulf, John of Würzburg, Theodericus*. Corpus Christianorum, Continuatio Mediaevalis 139. Turnhout: Brepols.

Johns, Cedric N. 1950. "The Citadel. Jerusalem. Summary of the Work since 1934." *Quarterly of the Department of Antiquities of Palestine* 14:121–190.

Kaiserpaar 1899. *Das deutsche Kaiserpaar im Heiligen Lande im Herbst 1898. Mit allerhöchster Ermächtigung Seiner Majestät des Kaisers und Königs bearbeitet nach authentischen Berichten und Akten*. Berlin: Mittler.

Katsimbinis, Christos. 1977. "The Uncovering of the Eastern Side of the Hill of Calvary and Its Base." *Liber Annuus* 27:197–207.

Kretschmar, Georg. 1987. „Jerusalemer Heiligtumstraditionen in altkirchlicher und frühislamischer Zeit." In *Jerusalem*, hg. von Heribert Busse und Georg Kretschmar, Abhandlungen des Deutschen Palästina-Vereins 8, 28–111. Wiesbaden: Harrassowitz.

Küchler, Max. 2007. *Jerusalem. Ein Handbuch und Studienreiseführer zur Heiligen Stadt*. Orte und Landschaften der Bibel 4.2. Göttingen: Vandenhoeck & Ruprecht.

Külzer, Andreas. 1994. *Peregrinatio in terram sanctam. Studien zu Pilgerführern und Reisebeschreibungen über Syrien, Palästina und den Sinai aus byzantinischer und metabyzantinischer Zeit*. Studien zur Byzantinistik 2. Frankfurt a. M.: Lang.

Laurent, Johann Christian Moritz. 1859. *Wilbrands von Oldenburg Reise nach Palaestina und Kleinasien, lateinisch und deutsch mit erklärenden Anmerkungen und einer Biographie des Verfassers*. Hamburg: Meissner.

Laurent, Johann Christian Moritz, Hg. 1864. *Peregrinatores medii aevi quatuor. Burchardus de Monte Sion, Ricoldus de Monte Crucis, Odoricus de Foro Julii, Wilbrandus de Oldenborg*. Leipzig: Hinrichs.

Limor, Ora. 1988. "The Origins of a Tradition. King David's Tomb on Mount Zion." *Traditio* 44, 453–462.

Lukin, Konstantin Alexandrovich, Gennadiy Pochanin und Sergey Masalov. 1987. "Large-Current Radiator with Avalanche Transistor Switch Electromagnetic Compatibility." *IEEE Transactions on Electromagnetic Compatibility* 39:156–160.

Meshorer, Yaʻakov. 1985. *City-coins of Eretz-Israel and the Decapolis in the Roman Period*. Jerusalem: The Israel Museum.

Meshorer, Yaʻakov, Gabriela Bijovsky und Wolfgang Fischer-Bossert. 2013. *Coins of the Holy Land. The Abraham and Marian Sofaer Collection at the American Numismatic Society and the Israel Museum*. New York: American Numismatic Society.

Namdar, Linoy, Jennifer Zimni, Omri Lernau, Dieter Vieweger, Yuval Gadot und Lidar Sapir-Hen. 2023. „Identifying Cultural Habits and Economical Preferences in Byzantine and Early Islamic Mount Zion, Jerusalem." *Journal of Islamic Archaeology* 10.2:175–194.

Pixner, Bargil. 1976. „Ein Essenerviertel auf dem Berg Zion?" In *Studia Hierosolymitana. Bd. 1. Studii archaeologici*. Collectio Maior 22, 245–284. Jerusalem: Studium Biblicum Franciscanum.

Pixner, Bargil. 1991. *Wege des Messias und Stätten der Urkirche*. Frankfurt a. M.: Brunnen.

Pixner, Bargil. 1997. "Jerusalem's Essene Gateway. Where the Community Lived in Jesus' Time." *Biblical Archaeological Review* 23:22–31.64–67.

Pixner, Bargil, Doron Chen und Shlomo Margalit. 1989. "Mount Zion. The „Gate of the Essenes" Re-excavated." *Zeitschrift des Deutschen Palästina Vereins* 105:85–95.

Pringle, Denys. 2005. *The Churches of the Crusader Kingdom of Jerusalem. A Corpus*, Bd. 3. Cambridge: Cambridge University Press.

Re'em, Amit. 2019. "First and Second Temple Period Fortifications and Herod's Palace in the Jerusalem Kishle Compound." In *Ancient Jerusalem Revealed. Archaeological Discoveries 1998–2018*, hg. v. Hillel Geva, 136–144. Jerusalem: Israel Exploration Society.

Re'em, Amit. 2022. "A Herodian Staircase on Mount Zion, Jerusalem and a Reevaluation of the Remains from Bishop Gobat School." *Atiqout* 106:89–128.

Re'em, Amit. 2023. "The Traditional Tomb of David on Mount Zion. Theories versus Archaeological Reality." In *Durch die Zeiten. Through the Ages, Festschrift für Dieter Vieweger*, hg. von Katja Soennecken, Patrick Leiverkus, Jennifer Zimni und Katharina Schmidt, 513–553. Gütersloh: Gütersloher Verlagshaus.

Re'em, Amit und Ilya Berkovich. 2016. "New Discoveries in the Cenacle. Reassessing the Art, Architecture and Chronology of the Crusader Basilica on Mount Sion." In *New Studies in the Archaeology of Jerusalem and its Region. Collected Papers*, Bd. 10. hg. von Guy D. Stiebel, Joe Uziel, Katia Cytryn-Silverman, Amit Re'em and Yuval Gadot, 56*–92*. Jerusalem: Hebrew University.

Reich, Ronny. 2000. "Iron Age II Strata 9–7." In *Jewish Quarter Excavations in the Old City of Jerusalem*. hg. v. Hillel Geva, 44–82. Jerusalem: Israel Exploration Society.

Reiner, Elchanan. 2010. "The Place Where the Lord's Ark of the Covenant Used to be Until the House was Built. A History of a Local Tradition." In *New Studies in the Archaeology of Jerusalem and its Region*. Collected Papers 3, hg. von David Amit, Guy D. Stiebel und Orit Peleg-Barak, 49–56. Jerusalem: Hebrew University (Hebrew).

Röhricht, Reinhold. 1891. „Karten und Pläne zur Palästinakunde aus dem 7. bis 16. Jahrhundert." *Zeitschrift des Deutschen Palästina-Vereins* 14:136–137.

Schick, Robert. 1995. *Christian Communities in Palestine. From Byzantine to Islamic Rule. An Historical and Archaeological Study*. Studies in Late Antiquity and Early Islam. Princeton, N.J.: The Darwin Press.

Schöpf, Friederike, Michael Würz, Dieter Vieweger und Jennifer Zimni. 2020. „Die Ausgrabungen des Deutschen Evangelischen Instituts für Altertumswissenschaft des Heiligen Landes (DEI) auf dem Zionsberg in Jerusalem 2015–2018." *Zeitschrift des Deutschen Palästina-Vereins* 136, 1–20. Taf. 1–15.

Schöpf, Friederike. 2021. "The Pottery of Mount Zion. An Overview from Islamic to Iron Age Periods." *Archäologischer Anzeiger* 1:166–235.

Schultz, Brian. 1998. *The Jerusalem Protestant Cemetery on Mount Zion. The Archaeological Remains and the Archaeological-Geographical Contributions of People Buried There*. Jerusalem: M.A. thesis, Jerusalem University College.

Stubbs, William, Hg. 1867. *Gesta regis Henrici Secundi Benedicti Abbatis. The Chronicle of the Reigns of Henry II. and Richard I.; A.D. 1169–1192, known commonly under the name of Benedict of Peterborough*. Bd. 1–2. London: Longmans Green.

Szanton, Nahshon, Moran Hagbi, Joe Uziel und Donald T. Ariel. 2019. "Pontius Pilate in Jerusalem. The Monumental Street from the Siloam Pool to the Temple Mount." *Tel Aviv* 46:147–166.

Taylor, James D., Hg. 2012. *Ultrawideband Radar Applications and Design*. Boca Raton: CRC Press.

Thierry, Lea-Estelle und Dieter Vieweger. 2019. „Die Doppelmiqwen-Anlage im anglikanisch-preußischen Zionsfriedhof von Jerusalem." *Zeitschrift des Deutschen Palästina-Vereins* 135:32–41.

Vieweger, Dieter. 2019. *Geschichte der Biblischen Welt. Bd. 2, Eisenzeit*. Gütersloh: Gütersloher Verlagshaus.

Vieweger, Dieter. 2020. „Das Ende eines Mythos." *Welt und Umwelt der Bibel* 4:62–63.

Vieweger, Dieter. 2022. „Ausgrabungen des DEI im oberen Garten der Dormitio-Abtei. Im Bereich der Hagia Zion." *Gemeindebrief – Stiftungsjournal* 3:46–48.

Vieweger, Dieter und Gabriele Förder-Hoff. 2012. *Der archäologische Park unter der Erlöserkirche von Jerusalem. „Durch die Zeiten"*. Berlin: Deutsches Evangelisches Institut für Altertumswissenschaften des Heiligen Landes.

Vieweger, Dieter und Katharina Palmberger. 2015. „Die Grabung im Anglikanisch-Preußischen Friedhof auf dem Zionsberg in Jerusalem." *Zeitschrift des Deutschen Palästinavereins* 131:201–207.

Vieweger, Dieter, Jürgen Sachs und Thomas Just. 2023. Geophysikalische Erkundung der Lage und des Verlaufs der herodianischen Stadtmauer unter dem heutigen christlichen Viertel der Altstadt von Jerusalem. *Zeitschrift des Deutschen Palästina-Vereins* 139: 64–76.

Vieweger, Dieter, Jennifer Zimni, Friederike Schöpf und Michael Würz. 2020. "DEI Excavations on the Southwestern Slope of Mount Zion (2015–2019)." *Archäologischer Anzeiger* 2020.1: 268–292.

Vieweger, Dieter, Friederike Schöpf, Jennifer Zimni und Michael Würz. 2021. „Mt. Zion Excavation 2018–2019." *Hadashot Archaeologiot* 133, (http://www.hadashot.esi.org.il/Report_Detail_Eng.aspx?id=25903&mag_id=133&previewit=TrUe).

Vieweger, Dieter, Katja Soennecken und Jennifer Zimni. 2022. „Das Ende eines Mythos. Der Südwesten Jerusalems im archäologisch-theologischen Diskurs." In *Kritische Schriftgelehrsamkeit in priesterlichen und prophetischen Diskursen. Festschrift für Reinhard Achenbach*, hg. v. Lars Maskow und Jonathan Robker, 437–450. Wiesbaden: Harrassowitz.

Vieweger, Dieter, Katja Soennecken, Jennifer Zimni, Patrick Leiverkus und Michael Dschernin. 2021. „Ein Kloster wie eine Festung." *Welt und Umwelt der Bibel* 4:66–68.

Vieweger, Dieter und Michael Würz. 2021. „Ausgrabungen in Jerusalem. Ayyubidische und frührömische Funde an der oberen Terrasse des anglikanisch-preußischen Friedhofs (Areal III) im Jahr 2019." *Zeitschrift des Deutschen Palästina-Vereins* 137:97–101, Taf. 12–13.

Vieweger, Dieter und Jennifer Zimni. 2022. "DEI Excavations on the Southwestern Slope of Mount Zion" In *Jerusalem and the Coastal Plain in the Iron Age and Persian Periods. New Studies on Jerusalem's Relations with the Southern Coastal Plain of Israel/Palestine (c. 1200–300 BCE)*, hg. von Felix Hagemeyer, 115–144. Tübingen: Mohr Siebeck.

Vieweger, Dieter, Jennifer Zimni und Katja Soennecken. 2022. "The End of a Myth. The Southwestern Hill of Jerusalem in the Archaeological Discourse." In *New Studies of Jerusalem and Its Region*, hg. von Yehiel Zelinger et al. Collected Papers 14, 17–54. Jerusalem: Hebrew University.

Vriezen, Karel J.H. 1994. *Die Ausgrabungen unter der Erlöserkirche im Muristan, Jerusalem (1970–1974)*. Abhandlungen des Deutschen Palästina-Vereins 19. Wiesbaden: Harrasssowitz.

Whitcomb, Donald. 2011. "Jerusalem and the Beginnings of the Islamic City." In *Unearthing Jerusalem. 150 years of Archaeological Research in the Holy City*, hg. von Katharina Galor und Gideon Avni, 399–416. Winona Lake: Eisenbrauns.

Wilson, Charles W. 1865. *Ordnance Survey of Jerusalem*, London: Paelestine Exploration Fund.

Zelinger, Yehiel. 2019. "The Line of the Southern City Wall of Jerusalem in the Early Periods." In *Ancient Jerusalem Revealed. Archaeological Discoveries 1998–2018*, hg. v. Hillel Geva, 279–288. Jerusalem: Israel Exploration Society.

Zimni, Jennifer. 2023. *Urbanism in Jerusalem from the Iron Age to the Medieval Period at the Example of the DEI Excavations on Mount Zion*. PhD Diss. University of Wuppertal.

Zöller, Wolf. 2018. *Regularkanoniker im Heiligen Land. Studien zur Kirchen-, Ordens- und Frömmigkeitsgeschichte der Kreuzfahrerstaaten*. Vita regularis. Abhandlungen 73. Berlin und Münster: LIT.

Über den Autor

Dieter Vieweger, Prof. Dr. Dr. Dr. h. c., *1958; Studium der Ev. Theologie in Leipzig; 1985 Promotion; 1989 Habilitation; 1986 bis 1989 Pfarrer des Thomanerchores Leipzig; 1989 bis 1991 Professor für alttestamentliche Wissenschaft an der Kirchlichen Hochschule Berlin, 1991 bis 1993 an der Humboldt-Universität Berlin; seit 1993 Professor für alttestamentliche Wissenschaft und biblische Archäologie an der Kirchlichen Hochschule Wuppertal; 1993 bis 1998 Studium der Ur- und Frühgeschichte in Frankfurt a. M.; 1998 Promotion; 1992 bis 2005 Mitglied im Verwaltungsrat und ebenso 1999 bis 2005 im Wissenschaftlichen Beirat des Deutschen Evangelischen Instituts für Altertumswissenschaft des Heiligen Landes; 1991 bis 2013 Vertrauensdozent der Studienstiftung des deutschen Volkes; seit 1999 Direktor des Biblisch-Archäologischen Instituts Wuppertal (www.bai-wuppertal.de); ab 1999 Lehrtätigkeit an der Privatuniversität Witten-Herdecke, seit 2002 dort Inhaber der Gastprofessur ›Archäologie und Ältere Geschichte‹; seit 2005 Leitender Direktor des Deutschen Evangelischen Instituts für Altertumswissenschaft des Heiligen Landes in Jerusalem und Amman, zugleich Forschungsstelle des Deutschen Archäologischen Instituts (DAI) (www.deiahl.de); seit 2005 Vertreter des Propstes in Jerusalem und Koordinator der evangelischen Bildungsarbeit in der Heiligen Stadt; seit 2006 Senior Fellow des Albright Institutes, Jerusalem; seit 2009 ordentliches Mitglied des DAI; 2009 Verleihung des Titels Dr. h. c. durch die Bergische Universität Wuppertal; 2017 Bundesverdienstkreuz erster Klasse für seine Verdienste um die biblische Archäologie.

Archäologische Untersuchungen in Zypern, Griechenland und Italien. Leiter verschiedener archäologischer Forschungs- und Ausgrabungsprojekte in Jordanien (www.tallziraa.de; www.zitadelle-amman.de), Israel und Palästina (www.durch-die-zeiten.info; www.zionsberg-jerusalem.de; www.meine-stadt-meine-geschichte.de).

www.ingramcontent.com/pod-product-compliance
Lightning Source LLC
Chambersburg PA
CBHW051616230426
43668CB00013B/2129